Traudi und Hugo Portisch

DIE OLIVE UND WIR

Traudi und Hugo Portisch

DIE OLIVE UND WIR

ecoWIN

Traudi und Hugo Portisch
Die Olive und wir
Salzburg: Ecowin Verlag GmbH, 2009
ISBN: 978-3-902404-72-5

Unsere Web-Adresse:
www.ecowin.at

2 3 4 5 6 7 8 / 11 10 09

Alle Rechte vorbehalten
Lektorat: Arnold Klaffenböck
Cover: www.kratkys.net
Coverfoto: Martin Vukovits (Traudi und Hugo Portisch in der Toskana)
Copyright © 2009 by Ecowin Verlag GmbH, Salzburg
Gesamtherstellung: Druckerei Theiss GmbH, A-9431 St. Stefan, www.theiss.at
Gesetzt in der Schrift „Sabon"
In Österreich gedruckt

Inhaltsverzeichnis

Vorwort	7
Wie das Haus uns gefunden hat	9
Der Traum	17
Das Haus	21
Das Grundstück	31
Die Nachbarn	41
Giulio	51
Pordina	65
Die Carabinieri und die Jagd	73
Grappa	77
Fahrzeugkontrolle	81
Warenkontrolle	83
Ein Philosoph in Uniform	85
Nationalität San Lorenzo	91
Bonzo	99
Der Pfarrer	115
Die Hochzeit	119
Die Straße	121
Bimbo 1	129
Bimbo 2	131
Die Olive und wir	135
Der Fleischer	147

Signora Capelli 153

La vita è così 157

Gufo 161

Einbrecher 173

La fortezza 177

Die Katze 183

Das Offerte 187

Glaube und Aberglaube 191

Der Tod im Bauernhaus 197

Mago 201

Pan 213

Toskanischer Frühling 217

Abendwind 219

Liebe Leserin, lieber Leser! 221

Vorwort

Oh, und wie wir ihn kennen, den Traum vom Aussteigen aus der täglichen Tretmühle, aus dem Stress, aus dem Erfolgszwang. Wir kennen diesen Traum, jedoch nur von anderen, die ihn träumen, wir selbst haben ihn nie geträumt. Im Gegenteil, das Aussteigen schien uns immer, als wäre es eine Art Kapitulation vor uns selbst. Wir hielten und halten es eher mit Marcel Prawy, der meinte: „Je älter du wirst, desto mehr musst du arbeiten, um jung zu bleiben!"

Wir haben es uns nicht gewünscht, das alte Bauernhaus in der Toskana, schon gar nicht, um es als Fluchtburg zu benützen. Vielmehr, so kommt es uns vor, hat dieses Haus uns gesucht und gefunden. Später lernten wir einige toskanische Sprichwörter kennen und stellten überrascht fest, wie sehr sie auf unsere Erlebnisse zutrafen. Eines davon, „Die Wunder wachsen, ohne dass man sie säen muss", hätte unsere Situation nicht besser beschreiben können, als wir auf der Autobahn von Florenz in Richtung Pisa fuhren. Nie zuvor und nie mehr danach wurden die Tankstellen auf dieser Autobahn bestreikt. Und so begann das Wunder seinen Lauf zu nehmen, ohne dass wir es bemerkten. Aber davon später, gleich im ersten Kapitel dieses Buches.

Hingegen haben wir geschrieben, immer wieder und mit viel Vergnügen. Denn das, was uns da alles widerfahren ist, in diesem Haus und seiner Umgebung, mit den Menschen, auf die wir nun trafen, war oft so herzerfrischend oder so eigenartig, manchmal auch traurig, öfter aber erheiternd, dass wir begannen, diese Begebenheiten und Begegnungen zu Papier zu bringen, einfach, um sie für uns festzuhalten und sie als Erinnerungen zu bewahren. Ja, manches davon haben wir Freunden erzählt, um ihnen etwas von der Stimmung zu vermitteln, von der Lebenseinstellung der Menschen, die uns hier umgaben. Und wieder wuchs ein Wunder, ohne dass wir es zunächst bemerkt hätten.

Hannes Steiner, der Mister Ecowin, hatte von einigen unserer toskanischen Geschichten gehört und gemeint, es wäre doch vergnüglich, unsere Notizen als Ecowin-Buch zu veröffentlichen. Ein Buch ohne politische Analysen, ohne Blick auf die Krisen dieser Welt und ohne Rückblick auf die österreichische Geschichte. Auch kein Buch im Alleingang. So manches, wovon wir beide hier erzählen, haben wir gemeinsam erlebt, doch jeder von uns hatte auch seine eigenen Erlebnisse und hatte sie niedergeschrieben, allerdings nicht mit der Absicht, sie zu veröffentlichen.

Nun tun wir es doch. Und sogar mit großem Vergnügen. In der Hoffnung, dass auch die Leserinnen und Leser unsere Erzählungen vergnüglich finden.

Traudi und Hugo Portisch

Wie das Haus uns gefunden hat

Le meraviglie nascono senza seminarle.
Die Wunder wachsen, ohne dass man sie säen muss.

Zugegeben, es gehört auch Glück dazu. Aber Glück ist nicht so selten, wie man glaubt. Die meisten Menschen merken nur nicht, wenn es sich ihnen anbietet. Genau genommen muss man Glück haben, um Glück zu erkennen. Das ist dann eine Sternstunde. Uns schlug eine auf der Autobahn zwischen Florenz und Pisa. Da ging uns das Benzin aus. Das heißt, der Benzinanzeiger stand schon geraume Zeit auf null, aber keine der Tankstellen auf dem Weg war offen: Streik. Also nichts wie runter von der Autobahn.

Gleich nach der Abfahrt fanden wir auch eine Tankstelle, die nicht bestreikt, aber zur Stunde wegen Siesta geschlossen war. Dafür war das Espresso daneben offen. Dankbar schlürften wir unseren Cappuccino und freuten uns, da zu sein. Vor uns lag eine Pinienallee, die allmählich im leichten Bodennebel verschwand, dennoch ein strahlend blauer Himmel und dazwischen, sanft aus dem Nebel aufsteigend, Weingärten, Olivenhaine, darüber wie eine Krone aus grauem Stein und roten Dachziegeln, Campanile zwischen Zypressen, ein toskanisches Dorf auf der Kuppe eines Hügels. Es war November, und doch hatten die Weinstöcke noch ihre Blätter, in Farben, als hätte Gucci sie aufeinander abgestimmt, Gelb, Ocker, Braun in allen Nuancen. Die Olivenhaine blinkten in Grün und Silber im Wind, der aus dem Apennin kam. Er roch nach Frost.

Dass wir das nun alles sahen, rochen und schmeckten, war nichts als Zufall oder Glück, was in Sternstunden auf das Gleiche kommt. Die Fahrt war nicht beabsichtigt gewesen. Sie war ein Akt der Selbstbefreiung, Ausbruch aus Arbeit, Hektik, Verdruss. Nichts wie weg, so weit es eben geht in den vier Tagen zwischen Allerseelen und dem nächsten Sonntag.

Jemand sagte Italien. Im Herbst? Jemand sagte Toskana. Vielleicht. Falls aber doch, dann sind wir auch dort, hier ist die Telefonnummer: Ruft uns an, kommt auf eine Jause. Wo seid ihr? In Benevento. – Das herausgerissene Notizblatt mit der Telefonnummer steckt noch in der äußeren Tasche meines Rockes. Ein Zufall – der Rock sollte gar nicht mit auf diese Reise. Und wer weiß schon, wo Benevento liegt. Wir wussten es nicht und hatten auch nicht nachgesehen. Hätte das Benzin gereicht, säßen wir jetzt nicht in dem Espresso, würden den Kellner nicht nach Benevento fragen. Benevento war der Ort über uns, aus grauem Stein, roten Dachziegeln, Campanile zwischen Zypressen. Zufall. Wir riefen an. Sie kamen, uns zu holen. Sie waren Gäste bei jemandem, der ein Haus hatte, gleich unterhalb der Stadtmauer von Benevento, mit einer traumhaften Sicht über die toskanischen Hügel bis hinüber zu den Pisaner Bergen. Als Gäste der Gäste erhielten wir die in Wien versprochene Jause und wunderten uns über die Zufälle, die uns bis hierher und da herauf geführt hatten.

Schließlich verabschiedeten wir uns, standen schon vor der Türe, da läutete das Telefon. Erwartete Gäste, die sich entschuldigten, sie seien noch in Bozen mit Motorschaden, kämen heute nicht mehr und wahrscheinlich auch nicht morgen. Das zweite Gästezimmer wäre nun frei, ob wir nicht bleiben wollten? Es sei ohnedies schon dunkel, die Weiterfahrt würde nichts mehr bringen. Wir blieben, kosteten den Wein des Hauses, saßen vor dem offenen Kaminfeuer, diskutierten fröhlich in die Nacht hinein und schliefen herrlich.

Am nächsten Tag hätte es regnen können, oder der Nebel hätte, wie hier so oft in dieser Jahreszeit, die Hügel hochsteigen und die Sicht verschlingen können. Aber als wir die Fensterläden öffneten, war es, als hätte Botticelli eine Landschaft ohne

Vordergrund gemalt. Aus dem Morgennebel in den Tälern ragten, in goldgelbes Licht getaucht, die toskanischen Hügel mit Dörfern, die wie Schwalbennester an ihnen klebten oder wie Adlerhorste ihre Gipfel beherrschten. Entlang der sanften Rücken aber standen Pinien und Zypressen wie Morsezeichen aneinandergereiht – Punkt, Punkt, Strich, Strich, Punkt, Strich –, als wollten jene, die sie gepflanzt haben, uns Nachricht geben. Beugte man sich aber aus dem Fenster, gab es auch einen Vordergrund: An der Wand des Hauses wuchsen Orangenbäume als Spalier hinauf und an den Fenstern seitlich vorbei und boten ihre goldgelben Früchte an, als wären sie ein lebender Korb. Wir sogen alles ein, Landschaft, Vordergrund, Licht, Luft, Farben, und kamen berauscht zum Frühstück. Wir sprachen von Traum, von Pracht, von Paradies, von einem Haus, das man hier haben müsste. – Ein Haus? In den Hügeln gäbe es noch immer verlassene Bauernhäuser. Man brauche sich nur eines auszusuchen.

„Wenn man von Traum und Paradies spricht, sollte man nicht so wörtlich genommen werden", meinte ich. „Weshalb eigentlich nicht?", meinte meine Frau. Eine Stunde später fuhren wir in einer kleinen Wagenkolonne durch die benachbarten Hügel, von Bauernhaus zu Bauernhaus. Das erste war unbewohnt, aber niemand kannte den Besitzer. Im zweiten wohnte ein Bauer, der sofort bereit war, es uns zu verkaufen, nur müsste er danach weiter darin wohnen dürfen, denn wohin sonst sollten er, seine Frau und seine Kinder ziehen? Das dritte stellte uns auf die Probe.

Trotzig lag es da, auf einer vorspringenden Terrasse inmitten eines großen Olivenhains. Der Einfahrt in den Hof wandte es eine graue, abweisende Steinmauer zu, die nur oben im ersten Stock von einer Reihe von Fensterhöhlen durchbrochen war, und von einer Schießscharte, die auf die Einfahrt zielte. An der türlosen Wand darunter klebte ein halb zusammengebrochener Stall. Auf dem Hof türmte sich ein längst zu Humus gewordener Misthaufen, übersät mit Brennnesseln. Links davon eine lang gezogene Scheune, oben offen, darunter ein paar Ställe für Schweine, Hasen und Hühner.

Das war das Haus, wie ich es sah. Meine Frau sah es anders. Nicht von der Einfahrt her, sondern von vorne, von der Terrasse aus. Und da umarmte es uns mit zwei gewaltigen Zitronenbäumen, die die Wände des Hauses hochwuchsen, die gesamte Mauer bedeckten und die auch noch die Türen und Fenster zugewachsen hatten. Eine der Türen gab nach, und wir betraten den wichtigsten Raum jedes toskanischen Bauernhauses, die Cantina, den Weinkeller. Ein Keller zu ebener Erde, ein fensterloser Saal, in dem auf mächtigen Balken die Bottiche stehen, in denen der Wein gemacht wird, und die Fässer, in denen er lagert. Die Balken hier waren längst morsch und eingeknickt, die Bottiche und Fässer hatten sich aufgelöst, die Eisenringe, die sie einst zusammengehalten hatten, lagen wirr ineinander verhakt, und die Holzsegmente ragten aus ihnen heraus wie Gerippe.

Von der Cantina ging es über Steinstufen in den Nachbarraum, der einst die Küche war. Eine offene Herdstelle, im Kamin darüber der rußige Haken, an dem die Kochtöpfe ins Feuer gehängt wurden. Neben der Feuerstelle ein steinerner Waschtrog, eine seiner Wände, hochgezogen und quer gerillt, hatte als Waschbrett gedient. Von der Decke hing ein Draht, an dessen Ende eine kaputte Glühbirne baumelte. Sonst war da nichts mehr. Nicht, dass man dies dem Raum ansah, aber in alten toskanischen Bauernhäusern geht es immer von der Küche in die gute Stube des Hauses. Und von dort in die Vorratskammer und von dieser in den Stall. So war es auch hier. In der Vorratskammer stand ein riesiges Tongefäß, eine Coppa, in der das Olivenöl aufgehoben worden war, eingeritzt im Ton die Jahreszahl 1870, und am Boden des Gefäßes noch zwei fingerhoch Öl. Genießbar.

Im Stall lag Stroh, aber es roch nicht mehr nach Stall. Da hatten schon lange keine Tiere mehr gestanden. Zurück in die Küche. Zwischen ihr und der Cantina führte eine Steintreppe in den ersten Stock. Vierzehn Stufen, dann stand man unter dem steil aufragenden Dachstuhl in einem großen Raum mit altem Ziegelboden. Die satte dunkle Farbe der Ziegel verriet, dass hier Oliven gespeichert worden waren, Jahr um Jahr, so wie die Ernte eingebracht wurde, abgestreift und abgeschlagen von den bizarren Olivenbäumen in die darunter ausgebreiteten Netze, in Butten heimgetragen und gelagert, bis die Menge groß genug war, um die Säcke zu füllen zum Transport in die Ölmühle.

Bog man aber von der Treppe nach der anderen Seite des Hauses, betrat man dessen wohl ältesten Teil, der ein Turm gewesen sein musste. Drei kleinere Zimmer, hier hatten sie geschlafen, die Bauern, und ihre Familien waren nicht klein. Einer der letzten Bewohner des Hauses hatte sich ein wenig Komfort geleistet, die Wand durchbrochen und an der Außenseite ein Plumpsklo angeklebt. Die Wände zeigten dicke Sprünge, durch einen konnte man sogar den Himmel sehen. Über den Zimmern gab es noch einen Dachboden. Als wir ihn betraten, löste sich ein Dutzend Fledermäuse von den Dachbalken. Aber sie flohen nicht, sondern verteidigten ihr Zuhause gegen uns Eindringlinge, indem sie uns immer wieder wütend anflatterten.

In einem Teil des Dachbodens hingen Drähte von der Decke mit Drahthaken. Hier wurden die Trauben zu Rosinen getrocknet, aus denen dann der süße Wein gepresst wird, den die Bauern „Vin Santo" nennen, wohl, weil die Pfarrer die kräftige Trockenbeerauslese dem leichten Rebensaft dieser Gegend als Messwein vorzogen. Beugte man sich aus den offenen Bodenfenstern, blickte man auf das Dach und den Schornstein eines großen, gemauerten Brotbackofens. Hob man den Blick, stand man verzaubert da: Da war sie wieder, die ganze Pracht der Toskana mit ihren Hügeln und Dörfern und Campanile und Villen, ihren Pinien und Zypressen und ihren Wäldern von Edelkastanien.

Als wir wieder vor dem Haus standen, sahen wir einander fragend an. Was war davon zu halten? „Wenig", meinte ich. „Viel", meinte meine Frau. „Alles", meinten unsere Gastgeber. Ein derart schönes Haus werde man nicht bald wieder finden. –

Aber es ist doch eine Ruine oder doch beinahe eine. – Keineswegs. Die paar Risse ließen sich leicht wieder zusammenschrauben, tatsächlich mit meterlangen Schrauben, die von Wand zu Wand gespannt werden. Zu beachten hingegen seien die zumindest drei verschiedenen Bauphasen, in denen man das Haus offenbar in Abständen von vielen Jahrzehnten, wenn nicht Jahrhunderten, errichtet hatte. Das ergäbe die vielen Winkel und Stufen, die verschieden hoch gelegenen Ebenen der Fußböden und der Balkendecken, die reizvolle Verschränkung mehrerer Dächer.

Selbst die Scheune mit ihrem Schweine- und Hühnerstall hatte Stil. Das Haus, erklärte unser Gastgeber, müsse man schon wegen der einzigartigen Zitronenbäume kaufen, die als dichtes Spalier seine Wände bedeckten. Aber den Ausschlag gab dann ein Fund zwischen den Brennnesseln auf dem verrotteten Misthaufen im Hof. Da standen dicht gedrängt ein Dutzend Parasolpilze von einer Größe, Dicke und Gesundheit, wie wir sie alle noch nie gesehen hatten. Für Pilznarren wie wir ein fast zwingendes Omen.

Im Übrigen ließ man uns kaum noch eine Wahl: Bei dem nächsten Nachbarn erfuhren wir, welchem „Padrone" das Haus gehörte, einem Conte Anzilotti, dem hier alle Häuser gehörten und auch alle Olivenbäume und Weinstöcke dazwischen. Aber obwohl die meisten Bauern, die hier zuerst als Halbsklaven, dann als Pächter in diesen Häusern gewohnt hatten, in die Industrie abgewandert seien, habe der Conte bisher keines der Häuser verkauft. Außerdem sei er kaum jemals da. Seine Villa stünde zwar nicht weit von hier, aber er wohne in Florenz und komme nur alle heiligen Zeiten einmal vorbei. Und selbst dann bekäme ihn kaum jemand zu Gesicht. Er sei alt und menschenscheu.

Doch die Kette der Zufälle riss nicht ab. Wir fuhren zu der Villa, das Tor stand offen, der Conte war da und sogar bereit, mit uns zu reden. Das Haus, meinte er, das Haus sei nicht zu haben. Weil erstens ihm die Idee eines Verkaufs gar nicht erst kommen würde. Weil zweitens er erst seine Töchter fragen müsste, ob sie damit einverstanden wären, dass er sie um einen, wenn auch zugegeben kleinen Teil ihres Erbes sozusagen bringe, indem er es verkaufte, wobei er das Geld solcherart noch vor seinem Tod auch durchbringen könnte. Man müsse verstehen, meinte die graue dürre Gestalt in dem großen Lehnsessel mit abgeschabtem Seidenbezug, dass die Töchter in Anbetracht solcher Auspizien ihre Zustimmung gewiss verweigern würden. Und drittens würde er auch nicht verkaufen, weil er schon einmal einen Preis für das Haus genannt hatte, das sei vor zehn Jahren gewesen, als sich ebenfalls jemand für das Haus interessierte, und dieser Preis sei damals als zu hoch zurückgewiesen worden. Er sei doch kein Wucherer! Niemals werde er daher je wieder einen Preis nennen, denn er lasse seine Preise nicht als zu hoch zurückweisen.

Erleichtert wollte ich mich schon mit Dank empfehlen – erleichtert, denn mittlerweile war mir vor diesem doch sehr plötzlichen Hauskauf recht unheimlich zumute geworden. Doch der uns begleitende, mit unseren Gastgebern befreundete Bauer, der uns zu dem Haus geführt hatte, dachte gar nicht daran, so schnell aufzugeben. Und nach zehn Minuten zähen Argumentierens hatte er den Conte so weit, dass dieser bereit war, zumindest zu sagen, welchen Preis er vor zehn Jahren für das Haus verlangt hatte. Es war ein niedriger Preis.

Zu unserer Überraschung aber meinte der Conte, er wolle von uns gar keinen Kommentar zu diesem Preis hören, denn wir würden ihn heute wohl genauso wenig akzeptieren, wie er vor zehn Jahren vom damaligen Interessenten akzeptiert worden sei. Sollten wir das so verstehen, dass der Preis heute noch derselbe sei wie damals? Wie denn sonst! Bei ihm gäbe es kein Handeln, weder hinunter noch hinauf. Also fänden wir den Preis ganz in Ordnung? Ja. Ob er da nicht doch mit seinen Töchtern reden könnte, wir wären sehr interessiert. Nun, das müsse er sich noch überlegen. Und selbst wenn er es täte, glaube er nicht, dass sie damit einverstanden wären. Sollten sie es aber wider Erwarten doch sein, so würde er morgen um zehn Uhr vormittags zu uns hinüberkommen, bereit, zum Notar zu gehen. In diesem Fall erwarte er zehn Prozent Anzahlung bei Unterschriftleistung unter den Vorvertrag, den Rest in drei Monaten bei Unterzeichnung des Vollvertrags. Sagte es und entließ uns mit einer Handbewegung, so, als sei seine Geduld mit uns nun endgültig zu Ende.

Es war eine Nacht des Bangens. Ich wünschte inständig, der Conte würde um zehn Uhr nicht erscheinen. Was sollten wir denn mit einem Haus in der Toskana, noch dazu mit einer – da ließ ich mich nicht bekehren – Halbruine. Meine Frau wünschte inständig, der Conte würde Punkt zehn Uhr vor der Tür stehen, das Haus hatte sie bereits völlig in seinen Bann gezogen. Unsere Gastgeber wünschten von unseren Überlegungen nichts mehr zu hören: Die Entscheidung liege nicht mehr bei uns, käme der Conte, werde gekauft, käme er nicht, wäre das leider sehr traurig. Doch auch wenn der Preis, wie alle meinten, sehr vorteilhaft sei, so hätte ich doch die Anzahlung nicht bei mir, versuchte ich sachlich dagegenzuhalten. Keine Sorge, die Anzahlung strecke man uns gerne vor, boten die Gastgeber an. Dennoch könnte ich mich gegen einen Kauf entscheiden, meinte ich, kein Vertrag, kein Kaufzwang. Falsch, wir hätten den Preis akzeptiert, somit einen Vertrag geschlossen. Aber der Conte habe sich seine Entscheidung doch noch offen gelassen. Er ja, wir nicht. Argumentieren half da nichts mehr, nur noch hoffen.

In dieser Nacht hoffte jeder von uns auf etwas anderes.

Um Punkt zehn Uhr stand der Conte vor der Tür.

Um elf Uhr beglaubigte uns der Notar, dass wir soeben ein Haus gekauft hatten, von dessen Existenz wir vor 48 Stunden noch keine Ahnung gehabt hatten. Da war uns erst das Benzin auf der Autobahn ausgegangen.

Der Traum

Chi crede d'ingannare il Dio, inganna se stesso.
Wer glaubt, Gott zu betrügen, betrügt sich selbst.

Wir sind lange gegangen, Hand in Hand, weil die Nebelschwaden, die uns umhüllten, so dicht waren, dass wir kaum den Weg sahen. Doch da war ein Weg – unsere Füße spürten ihn. Manchmal drehten wir uns ängstlich um, aber hinter uns war nichts. Ein weißes Nichts, wie eine undurchsichtige Wolke.

„Wir sind im Niemandsland", sagte mein Mann.

„Ja", sagte ich und hielt seine Hand fester.

Plötzlich, ganz ohne Warnung, war der Nebel verschwunden, und wir standen allein auf einem Hügel. Um uns herum endlose Wolkenberge. Darunter ahnte ich die Erde.

Wie in einem Zeichentrickfilm segelte unverhofft eine rosarote, duftige Wolke heran und blieb vor uns stehen. Aus ihr sah uns Gott an. Wir kannten ihn aus Kirchengemälden. Er trug einen weißen Bart und ein himmelblaues Gewand, wie es sich gehörte.

Wir waren erstarrt. Gott ist nachdenklich, dachte ich. Er ist menschlich, aber auch nicht, er ist göttlich, aber auch nicht. Ich spürte, wie er in unsere schwarzen Seelen blickte.

„Ich brauche eine Zwischenbilanz", sagte Gott plötzlich sehr nüchtern und eher ungöttlich.

„Ja, die brauche ich auf jeden Fall, bevor wir abrechnen!"

Dieser menschliche Jargon, dachte ich. Aber warum sollte Gott denn nicht mit unseren modernen Vokabeln vertraut sein, er ist doch allwissend. Weshalb sollte Gott nicht auch Worte wie Zwischenbilanz und Abrechnung kennen? Gott sah mich durchdringend an. Mir schien überhaupt, dass er für meinen Mann viel sanftere Blicke hatte als für mich.

„Also", sagte Gott, „sprechen wir von eurem Leben. Bis jetzt scheint mir, dass ihr mehr oder minder dieselben Fehler begangen habt wie die meisten Menschen. Da war viel Leichtsinn, viel sündige Gedankenlosigkeit und wenig Respekt für mich – aber lassen wir das. Jetzt scheint ihr an einem gefährlichen Wendepunkt angelangt zu sein. Es ist nicht üblich, dass ich mich einmische, aber in eurem Fall will ich Gnade vor Recht ergehen lassen und euch ernstlich warnen, bevor es zu spät ist!"

Das Letztere fügte Gott hinzu, als wäre es schon bald zu spät. Mir blieb das Herz stehen.

„Ihr habt einen Bauernhof gekauft."

Wir nickten beide. Worauf sollte das hinaus?

„Wie groß ist er?"

„Ungefähr vier Hektar", sagten wir wie aus einem Munde. Aber wir wissen, dass Gott das ja weiß, also ist die Frage eine Art Anklage.

„Ungefähr? Heißt das, dass ihr das nicht genau wisst? Was baut ihr an?"

„Oliven, Wein, Obst und Gemüse."

„Versteht ihr etwas davon?"

Wir sahen einander entsetzt an. „Nicht genug", sagten wir. Gott kann man nicht belügen.

„Habt ihr Betriebswirtschaft gelernt?"

Wir erstarrten. Gott und die Betriebswirtschaft!

Wir stotterten: „Nein."

Ist Gott wirklich allwissend? Ein strafender Blick traf mich.

„Wisst ihr, dass nicht nur jeder Grashalm und jeder Baum, sondern auch jeder Käfer und jede Schlange und sogar die Skorpione auf eurem Grund mir gehören? Wisst ihr, dass euch eigentlich gar nichts gehört? Alles in eurer Hand ist nur ein Lehen."

Ich dachte, jetzt wird Gott mittelalterlich. Aber mir war klar, worauf das alles hinaus wollte, und ich begann mich zu fürchten.

„Ihr habt dieses Land gekauft, aber ihr wusstet nicht, wie groß die Verantwortung ist, die ihr da übernommen habt! Stimmt es nicht, dass eure Olivenbäume nicht immer rechtzeitig gepflegt werden und dass dadurch schon einige einen jämmerlichen Tod sterben mussten, der gar nicht notwendig war?"

Wir nickten traurig. Gottes Auge ist überall, dachte ich und erinnerte mich an einen Spruch in meinem Stammbuch. Vor mir funkelte plötzlich auf Gottes Stirn das allwissende Auge, dreieckig, groß und sehr böse.

„Das allein verdient schon viele Jahre Fegefeuer", sagte Gott. „So ein Leichtsinn."

„Ja", sagten wir. Was hätten wir sonst sagen sollen?

„Ich werde euch eine Frist von fünf Jahren geben. Bis dahin will ich Resultate sehen! Resultate!", grollte seine Stimme durch die Wolken und schwoll an wie Donner. Blitze zuckten um uns herum. Ich versteckte mich hinter meinem Mann, wie es einst Eva getan hatte – ohne Erfolg. Das Auge durchdrang mich.

„Im Schweiße deines Angesichtes sollst du arbeiten. Versteht ihr das? Denn wenn ihr jetzt nicht schwitzt, dann müsst ihr später schwitzen! Ihr wisst schon, was ich meine." Gott zwinkerte mir zu, er hatte einen göttlichen Witz gemacht. Wir hatten ihn verstanden.

„In fünf Jahren werdet ihr gelernt haben, alles selbst zu pflügen, zu säen, zu schneiden, zu spritzen und zu ernten. In fünf Jahren wird euer Stückchen Erde eine Augenweide sein. Wenn nicht …" Gott aber wollte nicht nur drohen. Und deshalb fügte er etwas milder hinzu: „Geht rasch an die Arbeit, fünf Jahre sind eine kurze Zeit!"

Damit drehte sich Gott plötzlich um und wandte sich einem anderen Menschenpaar zu, das aus dem Nichts unvermittelt auf der anderen Seite der Wolke erschienen war.

Wir waren entlassen. Zwischenbilanz negativ.

Mein lieber, praktischer Mann meinte, als wir dann zusammen wieder vom Nebel verschlungen wurden: „Am besten, wir verkaufen das Ganze gleich einem, der wirklich etwas davon versteht und die Sache richtig macht."

Da schrie ich, und die Wolken rund um mich hallten wider von meinem Schrei: „Nein, nein, nie werden wir dieses gottvolle Stückchen Erde verkaufen. Und wenn ich 100 Mal selbst mit dem Pflug gehen müsste und dabei umfalle und mir alle Knochen bräche, wenn ich mir beim Sägen die Finger abschneide und weiß Gott, ich meine, weiß der Himmel, ich meine, das ist ja gleichgültig. Nein, nein, wir dürfen nicht aufgeben!" Und ich schrie und schrie, bis ich schweißgebadet aufwachte.

Das Haus

Il fabbricare è un dolce impoverire.
Bauen ist eine süße Art, ärmer zu werden.

Es ist interessant, dass unser Haus für jeden etwas ganz anderes zu sein schien, als wir es zum ersten Mal sahen. Mein Mann sah nur eine Ruine, vor der ihm eher schauderte, besonders wenn er daran dachte, was da noch zu tun war, um daraus auch eine menschliche Behausung zu machen. Er sah die hässlichen, halb verputzten Wände, den verfallenen, schmutzigen Ziegenstall, das aus der Scheune quellende verfaulte Stroh und die triste Fassade.

Er sah den öden Hof aus gestampfter Erde, und im Hause drinnen sah er nur die grauschwarzen Wände, den halb zerstörten Kamin und unzählige Mäusespuren und die Fledermäuse. Die beiden Wespennester unter dem Dach entgingen ihm nicht, noch der modrige Geruch, den es in alten Häusern gibt, die lange nicht bewohnt waren. Die Fensterstöcke waren zum Großteil herausgebrochen und die meisten Türen nicht mehr zu verwenden. Das alles sah er.

Ich aber sah etwas ganz anderes. Ich sah die traurige Fassade und dachte sofort, dass man da einiges tun musste, um dem Ganzen ein freundlicheres Gesicht zu geben. Vielleicht eine Arkade, wie sie viele Häuser hier haben. Ich sah die vielfältigen Dachkonstruktionen, die im Laufe von Jahrzehnten, ja wahrscheinlich Jahrhunderten, entstanden waren. Ich sah vor allem die Einmaligkeit der Lage, denn von der Terrasse vor dem Haus sah man hinüber auf sanfte toskanische Hügel und dahinter die Pisaner Berge.

Das Haus lag in einem großen Olivenhain, der zu dieser Jahreszeit – es war November – silbrig glänzte. Ich sah die Pracht der beiden Zitronenbäume, die auf der Terrassenseite des Hauses als Spalier an der Wand standen, aber sie gefielen auch meinem Mann und allen, die je unser Haus gesehen haben.

Die Scheune ließ mich in Entzückungsrufe ausbrechen, denn im Geiste sah ich schon daraus ein schönes Nebenhaus werden. Im Haus selbst sah ich die großen Bottiche, in denen einst Wein gekeltert wurde, und das herrliche Mauerwerk aus uraltem Stein. Das war die Cantina, der Weinkeller, denn in der Toskana waren die Keller immer ein Teil des Wohnhauses und ebenerdig.

„Was sollte man denn aus der Cantina machen?", fragte mein Mann zweifelnd, und ich antwortete, ohne nachzudenken: „Das wird unser Wohnzimmer."

Dabei hatten wir das Haus bis zu diesem Zeitpunkt noch nie gesehen und wussten auch nicht, ob es überhaupt zum Verkauf stand. Für meinen Mann waren die Geister dieses Hauses abweisend, während sie für mich einladend waren. Das ist ein gutes Haus, dachte ich, hier kann man leben. Der zerfallene Kamin in der Wohnküche schüchterte mich nicht ein, noch störten mich die Mäusespuren, im Gegenteil, die fand ich eher lustig – schließlich waren wir ja auf dem Land! Natürlich müsste man den Kamin wegreißen, denn der war wirklich nicht mehr zu verwenden. Aber das war kein Grund zum Verzweifeln! Ich sah die herrlichen alten Ziegelböden, die fast durchwegs noch zu gebrauchen waren, und bei mir lagen da schon Woll- und Flickenteppiche darauf, die dem Haus etwas mehr Freundlichkeit geben würden. Als wir in den ersten Stock stiegen, konnte auch mein Mann nicht umhin, sich an der herrlichen Aussicht zu begeistern. Von hier sah man hinaus in die Ebene durch ein stilles Tal mit Zypressen, Pinien und Olivenhainen. Herrschaftliche Villen standen da unten, und über allem lag ein zarter Herbstnebel, der alles verzauberte.

„Das Wespennest bringt Glück", sagte ich.

„Du bist nicht objektiv", sagte mein Mann. „Das Haus ist eine Ruine!"

„Aber schau doch, wie schön diese alten Balken an den Decken sind! Und die Steintreppen! Hast du je etwas so Schönes gesehen?"

Also, wir waren keineswegs einer Meinung.

Eine dritte Meinung hatte später der Baumeister, als er das Haus zum ersten Mal sah, denn er sagte trocken: „Am besten, wir reißen es ab, da kann ich Ihnen um weniger Geld ein neues bauen, das nach etwas aussieht."

Als wir das Haus gekauft hatten, berieten wir mit einem Wiener Architekten, ob er uns beim Umbau helfen könnte. Für mich war ein Architekt, mit dem ich mich auf Deutsch verständigen konnte, unbedingt notwendig, denn ich konnte mir nicht vorstellen, wie ich mit einem italienischen Baumeister mit meinen damaligen Kenntnissen der Sprache auskommen sollte. Zudem ist hinzuzufügen, dass mein Mann, als das Haus gekauft war, zu mir sagte: „Nun, das ist dein Baby. Ich kann die nächsten Monate nicht hier verbringen und den Bau beaufsichtigen. Ich schlage vor, du nimmst gleich Italienisch-Stunden, und sobald du dich halbwegs verständigen kannst, suchst du einen Baumeister, und dann können wir anfangen, umzubauen."

Allein sollte ich das also machen? Es schien mir plötzlich nicht mehr ganz so lustig wie früher, als ich so gedrängt hatte, das Haus zu kaufen.

In der Nacht schlief ich sehr schlecht. Immer wieder träumte ich, dass ich vor vielen Menschen eine Rede in Italienisch halten musste und dass ich kein einziges Wort herausbrachte.

Bei meinem Mann war das anders, der hatte in der Nacht vor dem Hauskauf nicht schlafen können. Jetzt, wo die Sache beschlossen war, war er ganz ruhig. Er verließ sich auf mich. Ich wusste damals nicht, ob ich mit der Sprache wirklich zurechtkommen würde. Es war aber nicht so schlimm, wie ich dachte, denn ich fand einen sehr tüchtigen Lehrer, der mich nicht schonte und mich wie ein Schulkind Grammatik lernen ließ und mit mir Vokabeln paukte. Ich glaube, ich konnte nach den ersten zehn Stunden mehr als heute, wo ich zwar schon alles verstehe und ziemlich fließend spreche, aber noch immer arge Grammatikfehler mache, die mir mein Lehrer nie hätte durchgehen lassen.

Im Januar hatte der Architekt Zeit, in die Toskana zu fahren, und so war ich gezwungen, mit meinen damaligen mageren Kenntnissen auszukommen. Ich wohnte im Hotel Centrale am Hauptplatz der nahen Stadt und begann gleich an Kellnern und Dienstpersonal mein Italienisch auszuprobieren, mit dem Resultat, dass mir alle helfen wollten, indem sie ihre paar Brocken Englisch oder Deutsch präsentierten. Ich bat sie, mir stattdessen zu helfen, wenn ich etwas falsch sagte, aber dazu waren sie zu taktvoll. Nun, so ging es nicht.

Der Architekt kam mit zwei Mitarbeitern an einem nebligen Januartag. Ich wartete gespannt, was er zu dem Haus sagen würde, denn davon hing ja seine Bereitschaft ab, es umzubauen. Wir fuhren über die schlechte kleine Straße durch die Olivenhaine, und da merkte ich schon, dass sich die Stimmung im Auto merklich besserte. Ein Olivenhain ist für das mitteleuropäische Auge eine ganz besondere Sache. Er erzeugt Farben und Stimmungen, wie wir sie in unseren Gärten und Wäldern nicht kennen. Es ist etwas Geheimnisvolles daran, das niemand versteht, der es noch nicht gesehen hat. Ich nehme an, es ist das unglaubliche Alter der Bäume – manche sind über 200 Jahre alt – und ihre seltsam bizarren Stämme, die bei jedem Wetter anders aussehen. Im Winter sind sie am schönsten, wenn der Nebel in ihnen wie ein Schleier hängt.

Als wir beim Haus ankamen, zwang ich mich, nicht gleich Fragen zu stellen, und ließ es erst einmal langsam von den geübten Augen dreier Fachleute bestaunen. Niemand sagte etwas. Ich öffnete nach einem Rundgang um die äußeren Mauern des Hauses die Tür und ließ die drei ein. Ich führte sie schweigend herum, und sie machten es sehr spannend, indem auch sie schwiegen.

Als wir wieder unten in der Cantina angekommen waren, sagte der Architekt nur: „Das machen wir."

Seine Mitarbeiterin sagte: „Es ist prachtvoll." Der zweite Mitarbeiter aber meinte, so etwas habe er noch nie gesehen, was eigentlich offen ließ, ob es ihm gefiel oder nicht.

Es wurde nicht viel Zeit versäumt. Die drei machten sich sofort an die Arbeit, zückten ihre Maßstäbe und Notizblöcke und begannen alles auszumessen. Ich geleitete mal den einen, mal den anderen hierhin und dorthin, aber es war mir nicht klar, was da vor sich ging. Jeder Winkel, und da gab es sehr viele und kaum einer war ein rechter Winkel, wurde vermessen. Erst bei Einbruch der Dunkelheit wurde aufgehört. Noch nie hatte ich eine derart komplizierte Arbeitsleistung gesehen, und noch nie eine, die so schweigsam und so vollständig koordiniert vor sich ging. Ich wollte den Architekten verschiedene Dinge fragen, aber er meinte, man könne nichts besprechen, bevor nicht alles ausgemessen wäre.

Die vielen Pläne, die daraus entstanden, waren ein solches Meisterwerk an Präzision, dass später ein ganzes Konvolut davon von der noch offenen Baustelle entwendet wurde. Wir suchen seither immer das Haus in der Gegend, das genau nach unseren Plänen nachgebaut worden ist. Wozu sonst konnte jemand diese Pläne brauchen?

Unser Haus war ganz augenscheinlich in drei verschiedenen Bauperioden entstanden und hatte deshalb auch vier verschiedene Dächer, wenn man die Scheune dazuzählt, die erst später errichtet worden war. Dem Architekten gefiel das Haus außerordentlich. Es war nicht nur ein ihm wenig bekannter Stil, er spürte auch die Atmosphäre dieses alten Hauses.

Ich wusste nicht, wie man einen Baumeister finden konnte. Aber es bot sich bald einer von selbst an, der in der Gegend ansässig war. Er wohnte in einem kleinen Straßendorf am Fuß unseres Hügels, und dort hatte man natürlich schon längst davon erfahren, dass irgendwelche Ausländer ein Haus gekauft hatten.

Einen Baumeister allein zu finden, wäre sehr schwierig gewesen. Als ich ihn das erste Mal sah, gefiel er mir gut, auch wenn aus ihm nur herauszubringen war, dass er unser Haus am liebsten abreißen würde.

Die Zusammenkunft mit dem Architekten verlief recht heiter, denn der Architekt übertraf mich noch bei Weitem in seiner Unkenntnis der italienischen Sprache. Plötzlich wurde ich zu meinem Entsetzen zu Übersetzungsübungen gezwungen, verstand aber nur einen Bruchteil dessen, was der Baumeister sagte. Auch sprach er einen Dialekt, mit dem ich am Anfang überhaupt nicht zurechtkam. Einerseits ließ er, wie viele Bauern hier, einige Silben aus und veränderte andere in einer Weise, die sie entweder verstümmelten oder durch Zufügen neuer Laute unkenntlich machten. Ich schwitzte vor Aufregung und Anstrengung.

Der Architekt aber meinte, das alles ergäbe keinerlei Schwierigkeiten, wozu hätte er denn einen Zeichenstift?

So begann eine höchst seltsame Zusammenarbeit zwischen einem Architekten und einem Baumeister. Jedes kleinste Detail unseres Hauses wurde auf unzähligen Zeichenblättern festgehalten, und zu jeder Zeichnung fragte der Architekt ganz einfach: „Si?" Wenn der Baumeister mit „No" antwortete, wurde noch eine Zeichnung gemacht, bis es klappte. So einfach war das. In der Zeit des Hausbaus war der Architekt mehrmals in Italien, um sich über die Fortschritte zu informieren oder zu Hilfe zu eilen, wenn ich „Feuer!" schrie. Jedes Mal wurde alles in Zeichnungen erledigt. Der Baumeister trug sie immer mit sich, denn sie waren seine wichtigsten Dokumente.

Ein großer Nachteil war, dass ich mich damit überhaupt nicht auskannte. Mir fehlte absolut der Sinn für die dritte Dimension bei Zeichnungen, was sich schon in meiner Schulzeit bei Darstellender Geometrie negativ bemerkbar gemacht hatte.

Also war ich immer in Sorge, wenn der Baumeister etwas nicht verstand, denn ich konnte ihm nicht helfen. Wenn man bedachte, dass der Baumeister so gut wie keine richtige Schulung besaß, hatte er alles genial mit seiner untrüglichen Intuition gemeistert.

Natürlich gab es auch unangenehme Überraschungen, wenn in meiner Abwesenheit irgendetwas gemacht werden musste, was nicht vorgesehen war. Zum Beispiel die Stützmauer vor der Terrasse. Jeder Eingriff in die Natur ist in dieser Landschaft zu büßen, und der Baumeister wusste dies auch, als er daran ging, Haus und Hof nach unten abzusichern.

Eine Mauer musste her, das war ihm klar, aber Mauern und überhaupt alles, was sich nicht im und um das Haus abspielte, waren ja nicht Sache des Architekten, sondern eher eine Sache des Eigentümers. Ein Bauer macht eine Stützmauer, wenn ihm eine Terrasse abzubrechen droht, also errichtete der Baumeister auch eine. Aber nicht eine Trockenmauer, wie das in dieser Gegend üblich ist, sondern eine mächtige, mit großen Steinen gemauerte Mauer, sodass das Haus plötzlich wie ein Kastell aussah. Als der Architekt und wir die mächtige Mauer das erste Mal sahen, blieb uns der Atem weg. Damals wussten wir noch nicht, dass die toskanische Landschaft von Mauern geprägt ist, und dass jeder Baumeister danach trachtet, so viele Mauern wie nur möglich zu errichten, denn erst diese machen aus einem Haus eine Art Festung. Ich glaube, das machen hier alle, und die Passion, Mauern zu bauen, stammt sicher aus der Zeit, in der jedes Dorf befestigt war und sich vor Eindringlingen schützen musste.

Es gibt in diesen Hügeln eigentlich keine Dörfer in unserem Sinn. Die Menschen in den Dörfern, wenn man ein Dorf allein nach der Einwohnerzahl von einer Stadt unterscheidet, benehmen sich wie Stadtmenschen. Es gibt keine sogenannte Dorftracht wie in unseren Alpentälern, und der Dorfbewohner unterscheidet sich durch nichts von den Bewohnern größerer Ansiedlungen.

Rund um alle toskanischen Dörfer zieht sich immer eine feste Mauer, wenn sie nicht im Laufe der Jahrhunderte zusammengebrochen ist. Ihre Reste wurden dann als Grundmauern für spätere Häuser verwendet. So wachsen diese unglaublichen Gebäude gralsburgähnlich in den Himmel und prägen die Landschaft mit ihrer bizarren Silhouette.

Wenn ich mit dem Baumeister allein war, bestand meine Sorge darin, dass er die vorhandenen Strukturen des Hauses vielleicht verändern wollte. Auf gewisse Fragen, wie man zum Beispiel etwas verputzen sollte, sagte ich immer: „No, questo è troppo palazziale", und meinte damit, dass das zu palastähnlich wäre. Das Wort „palazziale" gibt es im Italienischen zwar nicht, es ist aber eine ganz gute Erfindung gewesen, denn der Baumeister gebraucht es jetzt selbst.

Dieser Baumeister war ein echtes Genie, obwohl er das Gewerbe nur als Maurer gelernt hatte. Das lag im Blut dieser Leute. Seine Maurer waren ein lustiges Volk. Sie redeten viel und verstanden sich sehr gut. Punkt zehn Minuten vor zwölf verschwand jeder von ihnen auf seinem Motorino oder in seinem Fiat Cinquecento, um dann um Punkt ein Uhr wieder auf der Baustelle zu erscheinen. Nie hat einer von ihnen auf der Baustelle etwas gegessen oder auch nur einen Tropfen Bier oder Wein getrunken, was erstaunlich war, denn da war ich aus Wien anderes gewöhnt! Die Leute hier trinken nur während der Mahlzeiten – eine eiserne Regel bei Arbeitern und Handwerkern, die nur von wenigen gebrochen wird. Wein ist ein Nahrungsmittel und weniger ein Genussmittel. Zur richtigen Zeit konsumiert, löst er weder Kopfweh noch andere Beschwerden aus. Eine alte Bauernweisheit.

Am Abend waren die Arbeitsschlusszeiten nicht so genau geregelt. Manchmal ließ der Baumeister eine Arbeit nicht unterbrechen, und ich hatte schon Angst, die Ehefrauen der Maurer würden kommen, um mich zu lynchen.

Am eifrigsten arbeiteten die Maurer, wenn ich dabei war. Das hat nichts mit Faulheit zu tun, wie ich bald merken konnte, sondern mit einem gewissen Interesseverlust, der eintrat, wenn der Bauherr nicht da war, um den Fortschritt der Arbeit mitzuerleben. Wenn ich nach Wien fahren musste, und das musste ich doch ziemlich oft, dann konnte ich sicher sein, dass in meiner Abwesenheit nicht allzu viel geschah.

„Sobald Sie weg waren, sind die Leute, denen ich eine Arbeit schon seit langer Zeit versprochen habe, über mich hergefallen", jammerte der Baumeister, und das war sicher wahr. Aber ich wusste auch, dass er und sein ganzes Team lustlos wurden, wenn ich nicht dabei war. Das bezog sich natürlich automatisch auch auf den Elektriker, den Maler, den Installateur und wer aller sonst noch am Bau beteiligt war.

Wir fanden uns mit dieser Situation ab. Schließlich hatten wir nicht so schreckliche Eile. Andere aber hatten es eilig, hauptsächlich mit Reparaturen, Dachschäden vor allem, denn die italienischen Dächer sind zwar wunderschön, aber jeder größere Sturm kann ein Dach undicht machen und der Baumeister hatte dann eben sofort zu helfen.

Warum sollte ich mich gegen die Eigenheiten dieser Leute stellen, die, wenn ich beim Bau dabei war, so wunderbar arbeiteten? Es hätte sich wahrscheinlich nichts geändert, und ich hätte mir nur selbst den Spaß dabei verdorben.

Denn lustig war die ganze Sache wirklich. Vor allem der Vorstoß in eine fremde Sprache, die mich immer vor neue Rätsel stellte. Meine größte Anstrengung beim Umbau unseres Hauses war sicher, immer verstehen zu wollen, was jeder sagte. Manchmal allerdings setzte mein Gehirn plötzlich aus und ich konnte nur auf Deutsch antworten. Dann sagte ich schnell „Arrivederci" und zog mich in mein Hotelzimmer zurück, wo ich erschöpft in tiefen Schlaf fiel.

Natürlich hörte man mir bald an, dass ich mein Italienisch hauptsächlich von den Bauern und Arbeitern gelernt habe, und auch besondere Ausdrücke gebrauchte, die mir sehr gefielen, die aber keineswegs in irgendwelchen Wörterbüchern zu finden sind. Dies bekam ich später öfter zu verspüren, wenn ein toskanischer Freund mich jemandem vorstellte: „Das ist meine

Freundin Traudi, die ihr Italienisch von den Maurern gelernt hat."

Am liebsten rief ich alle möglichen Heiligen an, wie San Bartolomeo, oder sagte etwas deftiger „Porca miseria", was so viel wie „Schweineunglück" bedeutet, abgesehen von den blasphemischen porco-Ausdrücken, die ich auch bald beherrschte. Manchmal entschlüpfte mir ein derartiger Ausdruck in feiner Gesellschaft, was die Italiener sehr amüsierte.

„Du bist eine Landpomeranze geworden", sagte mein Mann zu mir. Und ich muss zugeben, dass mich die Sorgen und Freuden der Bauern und Handwerker hier mehr interessierten als die der biederen Bürgersleute der mondänen Kurstadt, die kaum zehn Autominuten von unserem Haus entfernt ist. Hier kenne ich mich aus und lerne täglich neue Sachen, die mir in der Stadt sicher entgangen wären.

Das Grundstück

Chi troppo sa – poco sa.
Wer zu viel weiß, weiß wenig.

Nichts ist so beeindruckend wie ein Olivenwald. Trotzdem würde niemand eine größere Anzahl von Olivenbäumen einen Wald nennen. Die eigentliche Bezeichnung lautet: Olivenhain. Ein antiquiertes Wort, das man sonst kaum mehr gebraucht. Es hat etwas Mystisches an sich. Ein heiliger Hain. Pan spielte in einem Olivenhain. Die Oreaden wohnten in Hainen. Orion belauschte Diana in einem Hain, und Faune tummelten sich darin.

Warum sich Oliven nur in Hainen befinden und keine Wälder bilden, weiß ich nicht, aber wahrscheinlich kommt es daher, dass Olivenbäume viel Platz brauchen und deshalb immer in großem Abstand voneinander stehen. Aber da gibt es noch etwas anderes sehr Interessantes an einem Olivenbaum. Man kauft einen jungen Baum in einer Baumschule mit einem dünnen, geraden Stamm, setzt ihn ein, und es fällt einem auf, wie fremd er unter den anderen Bäumen steht. Er hat eben einen geraden Stamm! Kaum aber trägt er die ersten Oliven, fängt er an, sich auch schon zu krümmen. Ein paar Jahre danach beginnen sich die Äste nach allen Richtungen zu drehen, der Stamm teilt sich auch oft, kurz, er hat keine Ähnlichkeit mehr mit dem Baum, den man gekauft hat. Ihre groteske Veränderungskunst aber macht Olivenbäume nicht unheimlich wie manche alte Weiden, sondern zart und ätherisch, als wären sie so in die Landschaft hineingelegt. Ihre wahre Pracht aber ist die silberne Farbe ihrer Blätter, obwohl sie klein und unscheinbar sind. Oft habe ich zugesehen, wie ein einziges Blatt in Bewegung geriet, während alle anderen ganz still waren. Es schien mir dann, dass das irgendein Zeichen für mich war, das ich aber nicht deuten konnte. Die Olivengeister sind gute Geister. Das wissen alle Toskaner. Sie können es nicht beweisen, aber das ist auch nicht notwendig, denn jeder, der hierher kommt, spürt sie.

Die Blüte der Olive ist klein und unscheinbar, wie die Blätter und die Früchte. Besonders sind nur die knorrigen bizarren Stämme. In unseren Hügeln sind die Olivenbäume hoch und ihre Äste ragen wie riesige Arme in den Himmel. In der Ebene aber sind sie klein, rund und dickstämmig. Wie silberne Steinbrocken liegen sie in langen Reihen im Land.

Wenn der raue Februarwind aus den Bergen in unser Tal zieht, dann werden die Olivenbäume zart und durchsichtig, dass man meinen könnte, sie hätten ihre Blätter verloren. Kurz darauf aber können sie in einem warmen Wind so voll erscheinen, als trügen sie Früchte. Diese Verwandlungskunst habe ich noch an keinem anderen Baum gesehen, vor allem nicht an einem immergrünen Baum. Wenn Olivenbäume dein Haus umgeben, dann fühlst du dich auf merkwürdige Weise beschützt, als stünden die Jahrhunderte Wache rund um dich.

Wenn man unseren Hügel hinuntersteigt, dann läuft ein schmaler Weg in einen dichten Bambuswald. Ich hatte vorher noch nie einen Bambuswald gesehen, ja ich wusste gar nicht, dass es so etwas in Europa überhaupt gab. Es war daher eine große Überraschung, als wir plötzlich Besitzer eines solchen waren.

Betritt man diesen Wald, versetzt er einen in eine exotische Urlandschaft. Das Licht bricht sich hier anders, die Geräusche der langen, dünnen Blätter sind fremd und rascheln, nein, sie zischen, wenn man durchgeht. Der Pfad durch den Bambuswald ist voller Überraschungen, denn immer wieder brechen neue Schösslinge aus der Erde und müssen abgeschnitten werden, damit der Pfad erhalten bleibt. Es ist ein lebhaftes Aus-der-Erde-Schießen, ein Grünwerden und ein ebenso schnelles Braunwerden bis zum Verdorren. Alles in rascher Folge. So wächst und wächst der Wald, wird an einer Stelle dichter, an einer anderen lichter. Immer denken wir, es wäre gut, wenn wir einmal alle toten Stämme entfernen würden, vielleicht, um etwas Luft zu machen, denn wahrscheinlich würde das den Bambus größer und stärker werden lassen, aber dann greifen wir doch nicht ein. Wir überlassen es ihm, sich selbst zu vermehren und zu vermindern, groß zu werden und wieder kleiner, breiter und wieder enger, wie er es will. Der Mensch soll sich nicht so wichtig machen. Vielleicht würden wir dem Wald dann das Geheimnisvolle nehmen, das uns derart gefangen hält.

Unterhalb des Bambuswaldes läuft ein Bach. Manchmal ist er ein Rinnsal, manchmal ist er ein klares Wässerchen, in dem man am liebsten baden würde. Wir lieben ihn, er ist unser Bach. Im Sommer trocknet er manchmal aus, was uns traurig macht. Neben einer kleinen Brücke, die wir mit Mühe gebaut haben, gibt es einen kleinen Teich. Auch der Teich ändert sich ständig. Mitunter scheint er ganz ausgetrocknet, manchmal quillt er über. Im Frühjahr siedeln sich hier Frösche an. Und in dieser seit Jahrhunderten bebauten Gegend, wo der Mensch die Vorherrschaft hat, ist jedes Lebewesen eine Freude.

Gleich oberhalb des Teiches beginnt ein Haselnusswald. Es ist kein Hain, es ist auch kein Buschwerk, es ist ein echter Wald, denn die Haselnussstämme erreichen hier eine Höhe wie bei uns Buchen und Birken. In diesem Wald hausen unsere Mitbewohner, die Haselmäuse. Wenn wir nicht durch Zufall einmal dazugekommen wären, wie eine Schlange eben dabei war, eines dieser lustigen Tierchen zu schlucken, wüssten wir wahrscheinlich gar nicht, dass es welche gibt, es sei denn, man sieht sich die angenagten und leer gefressenen Haselnüsse genauer an. Die Haselmaus hat jedoch einen argen Konkurrenten beim Verzehr der Haselnüsse, nämlich einen Käfer, der ein so perfektes Schneidewerkzeug besitzt, dass er kreisrunde Löcher in eine Nuss schneiden kann.

Die Schlange ließ ihr Opfer aus dem Maul fallen, und die Haselmaus war vor Schreck so gelähmt, dass sie sich in die Hand nehmen ließ. Sie sah uns mit ihren großen braunen Augen an und hatte nicht begriffen, was mit ihr geschehen war. Wir ließen sie im

Haselnusswald aus, wo sie mit ihren Artgenossen zwar für eine merkliche Reduzierung unserer Haselnussernte sorgt, aber es ist genug für uns alle da.

Einmal haben wir auch zwei Haselmaus-Nester gefunden. Manche afrikanische Vögel bauen ähnliche Nester. Sie sind oval, wie ein großes Ei und aus Grashalmen gewoben. An einer Seite im oberen Drittel befindet sich ein Loch, in dem wir einmal den Kopf einer Haselmaus entdeckten. Sie sah uns mit verängstigten Augen an. Wir entfernten uns leise. Seither haben wir im Winter immer wieder solche Nester auf dem Boden gefunden. Wo sich die Haselmäuse aber im Winter verstecken, wissen wir nicht.

Im Haselnusswald haben wir vor ein paar Jahren kleine Haselnusssträucher neu gesetzt, die mit Trüffelmyzel geimpft waren. Jedenfalls werden sie als solche angeboten und man kann sie kaufen. Wir hatten die Plätze zwar mit Stöcken markiert, aber ein, zwei Jahre später standen rund um die Stöcke ein Dutzend frischer Haselnusssträucher, die auf mysteriöse Weise gerade dort aus dem Boden geschossen waren, sodass wir nun nicht mehr wussten, wo wir graben sollten, um herauszufinden, ob die Trüffeln gediehen waren. Leider wachsen die Trüffeln unter der Erde, und darum werden wir nie erfahren, ob es bei uns Trüffeln gibt oder nicht, es sei denn, wir borgen uns ein Trüffelschwein oder einen Trüffelhund aus, die abgerichtet sind, Trüffeln auch unter der Erde zu wittern und nach ihnen zu graben. Immerhin können wir behaupten, dass in unserem Haselnusswald vermutlich Trüffeln wachsen.

Dass es Pilze auf unserem Grundstück gibt, wussten wir von Anfang an, und ich bin heute noch davon überzeugt, dass die Parasole, die wir vor dem Haus fanden, als wir es zum ersten Mal besichtigten, ausschlaggebend waren, das Haus zu kaufen. Auch sonst wachsen immer wieder Pilze auf unserem Grund, von Parasolen, Wiesenchampignons und Bovisten bis zu dem sensationellsten Fund des letzten Jahres, nämlich eines Kornblumenröhrlings, ein sehr seltener Pilz, der zu den besten Speisepilzen zählt. Seit wir wissen, wie selten sie sind, lassen wir sie stehen. Semmelstoppelpilze haben sich inzwischen auch im Haselnusswald angesiedelt. Unserer eigenen Züchtung von kultivierten Träuschlingen folgten wilde Träuschlingskolonien in unserem Bambuswald.

Zunächst konnten wir es gar nicht fassen, da gibt es tatsächlich einen Bambuswald auf unserem Grund. Wie in China, nur ohne Pandabären. Doch unsere Nachbarn klärten uns bald auf: Der junge Bambus wird von den Bauern dazu benützt, die Zweige ihrer in großen Töpfen gezogenen Zitronenpflanzen zu stützen, nichts eigne sich da besser als Bambus.

Alles hier hat seinen Sinn und Zweck.

Das hätten wir oft bedenken sollen! So gab es da eine Steinmauer, über die unser Bach in einem beachtlich hohen Wasserfall stürzte. Sicher war sie schon Hunderte Jahre alt. Auch das Bachbett war in seiner ganzen Länge mit Steinen ausgelegt. Die Mauer war mit wilden Brombeersträuchern überwuchert. Wir fanden es schade – außerdem wollten wir den Wasserfall in seiner ganzen Schönheit sehen! Also rissen wir die Brombeersträucher aus. Nun rauschte der Bach ungehindert über die Mauer. Wir waren stolz darauf. Aber dann kam der Regen, ein schweres Gewitter, der Bach schwoll an und das Wasser schoss ungehindert die Mauer hinunter. Die Mauer hielt diesem Wasserschwall nicht stand und brach in sich zusammen. Seither sind wir sehr vorsichtig geworden, wenn wir der Natur unsere Ordnung aufzwingen wollen. Die kleinste Veränderung einer Terrasse, die Anlage eines neuen Weges, ja sogar das Fällen eines morschen Baumes kann schlimme Folgen haben.

Die Terrassen sind Jahrhunderte alt und haben ihre eigene Art, mit dem Herbst- und Winterregen fertig zu werden.

Wir mussten, um einen neuen Weingarten anzulegen, den Bach umleiten, sonst hätte er den Weingarten jährlich mehrere Male überschwemmt. Die Folge waren unglaubliche Erdrutsche, die Jahr für Jahr stattfanden, bis sich die Landschaft an den neuen Wasserlauf gewöhnt hatte. Das alles mussten wir erst lernen.

Unter dem Haselnusswald, den kleinen Bach entlang, kommt man über mehrere kleine Brücken in den großen Weingarten.

Hier standen immer schon Reben, aber die alten waren seit Langem verdorrt und nicht mehr zu beleben. Also legten wir, nach einer sehr schwierigen Rodung, einen neuen Weingarten an. Eigentlich wollten wir gar nicht noch mehr Wein produzieren, aber was sollte man mit diesem Stück Grund machen? Es war leicht zu bearbeiten.

Vielleicht hätten wir Obstbäume pflanzen sollen, aber da die anderen Weinstöcke verstreut im Grund standen und auch schon sehr alt waren, hörten wir auf den Rat der Nachbarbauern. Jetzt haben wir mehr Wein, als wir je verbrauchen können, und ein Verkauf bringt sehr wenig. Aber die Bauern sagen: „Öl und Wein, das muss sein." Unsere Landwirtschaft beherrscht uns und nicht wir sie, das ist sicher, und vielleicht ist es auch gut so.

Oberhalb des Weingartens führt ein kleiner Weg in einen größeren Wald, den wir einfach Dschungel nennen. Er ist von Erlen und Buchen bewachsen, und auf unserer Seite des Weges steht auch ein Kastanienbaum, der jedes Jahr Früchte trägt. Oberhalb des Weges standen, als wir das Haus kauften, mehrere riesige Mimosenbäume, die zu Weihnachten prachtvoll blühten. Als Schachtelhalme wachsen diese Riesen so lange, bis sie durch ihr eigenes Gewicht zu Fall kommen. Auf diese Weise bildeten sich einst die Kohlenflöze. Es war ein trauriger Anblick, als wir eines Tages zwei dieser Riesen quer über den Weg liegen sahen. Die Blüten waren gerade knapp vor dem Aufspringen, und wir holten noch Tage danach immer wieder Äste ins Haus, um sie zum Aufblühen zu bringen. Ein Trost war nur, dass neben diesen Riesen sich schon eine Unzahl kleiner Mimosenpflanzen angesiedelt hatte, und dass wir uns daher um Nachwuchs nicht zu sorgen brauchten.

Der Dschungel wurde von uns deshalb so genannt, weil sich auf jeden der hohen Bäume Efeu und andere Schlingpflanzen hinaufranken. Von den Wipfeln hängen Lianen herunter in das dichte Unterholz, sodass der Wald wirklich wie ein asiatischer oder afrikanischer Dschungel wirkt. Durch diesen Dschungel fließt ein größerer Bach, der das ganze Jahr über Wasser führt, aber nur auf einer Seite zu uns gehört. An diesem Bach wachsen seltene Pflanzen, manche sind bei uns in Blumenhandlungen zu haben. Es gibt auch Calla und Schneerosen, Seite an Seite! Die Blüten beider werden seltsamerweise nicht weiß, wie bei uns, sondern bleiben grün. Besonders die Schneerose sieht sehr hübsch aus, selbst im grünen Zustand, ist viel höher und ihre Blätter sind viel größer. Aber auch der Dschungel verändert sich jährlich. Der Bauer, dessen Grund sich auf der anderen Seite des Baches befindet, hat schon einige Bäume herausgeschlagen und den Wald gelichtet. Uns tut es um jeden Baum leid, aber er musste sich einen neuen Hühnerstall bauen und dazu brauchte er das Holz. Für ihn ist der Dschungel keine botanische Seltenheit wie für uns, und wir müssen das verstehen.

Alle diese Entdeckungen mussten doch einen Mitteleuropäer begeistern! Etwas weniger Begeisterung zeigten wir, als wir den ersten kleinen Skorpion sahen, und noch viel weniger, als uns die erste Viper begegnete.

Wir wussten, dass es Vipern gab, und gingen durch das hohe Gras auch immer in Stiefeln, aber uns schien es, dass man sie doch nur sehr selten zu Gesicht bekam. Die Bauern jedenfalls redeten kaum darüber. Als sich dann eine Viper dicht vor unserer Gartentür unter dem Strahl eines Gartenschlauches auf uns zu bewegte, waren wir sehr überrascht und erschrocken.

Was die Skorpione betrifft, so sagen die Bauern, dass sie nicht ärger stechen als eine Biene, dass sie aber in den Monaten mit „R" giftiger sind als sonst. Jedenfalls sind sie sicher viel kleiner als afrikanische Skorpione. Wir bringen sie nicht um, sondern befördern sie mit einer Schaufel in den Weingarten, obwohl wir wissen, dass sie sehr bald wieder zum Haus zurückkehren werden. Warum sie ausgerechnet die menschliche Gesellschaft bevorzugen, weiß ich nicht, aber ich vermute, dass dort, wo Menschen sind, auch Wasser ist, besonders unter Blumentöpfen oder Sonnenschirmständern. Etwas Feuchtigkeit brauchen sie, und sie können sich unter einem Blumentopf so flach machen, dass man sie dort nicht vermuten würde. Wenn sie laufen, sind sie zwar sehr schnell, aber auch wehrlos. Ein Tritt, und das Leben des Skorpions ist vorbei. Es scheint mir, dass wir einen sehr unfairen Vorteil ihnen gegenüber haben. Unsere Katze aber nimmt sie nicht ernst und spielt mit ihnen ganz so, als hätten sie keinen Giftstachel.

Manche Vögel in dieser Gegend bauen ihre Nester nicht in den Bäumen, sondern in den Löchern der Böschungen und wären deshalb jedem Zugriff einer Katze oder eines Hundes ausgesetzt, gäbe es nicht die vielen wilden Brombeersträucher, die den Zugang zu ihren Nestern mit ihren stacheligen Zweigen versperren. Die zart belaubte Olive bietet ihnen zu wenig Schutz, und die Zypressen haben so eng stehende Äste, dass sie wenig Platz für den Nestbau zulassen. Im Hof erhebt sich jedoch ein großer Lorbeerbaum, und darin finden sich viele Vögel, vor allem Rotkehlchen, Jahr für Jahr zum Nestbau ein.

Die Jagd auf kleine Vögel wird den Italienern immer wieder sehr übel genommen. Sie empört die Tier- und Naturschützer. Zu Recht. Aber dass es so ist, dafür gibt es eine sozialhistorische Erklärung, die wir uns anhören mussten, als auch wir die Vogeljagd kritisierten.

Wie bei uns, gab es auch in Italien Bauernaufstände, die sich gegen die meist adeligen Großgrundbesitzer richteten. Die Bauern aber waren de facto Leibeigene, kaum einer besaß eigenen Grund, auch kein eigenes Haus, sie arbeiteten für die adeligen Herren und mussten ihnen den Großteil der Ernte abliefern. Im Besonderen verboten aber war die Jagd. Wer einen Hasen oder einen Fasan oder gar ein Reh erlegte, wurde hart bestraft mit Gefängnis und Zwangsarbeit. Gegen all das empörten sich die Bauern, und es kam zu blutigen Aufständen. Nördlich der Alpen erzwangen die Bauern ihre Freiheit und eigenen Grundbesitz. In Italien waren sie nicht so erfolgreich, nur die abzuliefernde Erntemenge wurde reduziert. Aber man gewährte ihnen ein lang ersehntes Recht – das Recht auf die Jagd. Von nun an durften sie Jagdgewehre besitzen und jagen auf den Gründen, die sie bearbeiteten. Das Gewehr und die Jagd wurden damit zum Statussymbol der Bauern. Die jagdbaren Tiere auf den Gründen aber waren bald ausgerottet, die Hasen, Fasane und Rebhühner. Die Rehe im Wald, die Hirsche und Wildschweine durften weiterhin nur die Waldbesitzer jagen. Deswegen schoss man auf die noch verbliebenen Vögel und tut dies auch noch heute, wenn auch Zeiten und Tage für die Jagd gesetzlich beschränkt worden sind.

Was nun die Vögel betrifft, so haben einige Vogelarten die ihnen drohende Gefahr erkannt und flüchten im Herbst beim ersten Schuss in die nahe Stadt, wo sie sich im Kurpark einfinden. Sie sind schlau und wissen, wo sie vor den Jägern in Sicherheit sind.

Vor uns spricht man nicht von der Vogeljagd. Und der Baumeister zeigt uns auch nicht seine kleinen Käfige, in denen er die Lockvögel hält, wie er es bei anderen Besuchern voller Stolz tut. Ich aber hoffe, dass alle diese vielen Lockvögel, die in winzigen Käfigen ihr Leben fristen müssen, eines Tages doch durch ein Gesetz endlich frei werden!

Unser Dschungel artet zur Jagdzeit zu einer regelrechten Vogelfalle aus, denn die Jäger bauen sich dort kleine Hütten aus Zweigen, mit Schlitzen, um ungesehen auf die Vögel zu schießen. Wir könnten sie zerstören, aber das würde wohl nur zu Streit führen, noch dazu ohne Erfolg, wie ich mich von den Carabinieri belehren lassen musste. Doch davon wird noch später zu berichten sein. So warten wir auf die nächste Volksabstimmung, die hoffentlich das Ende dieser Art von Jagd bedeuten wird.

Vom Dschungel kann man zum Weingarten durchstoßen und danach über die Oliventerrassen zu unserem Haus gehen. Heute ist das Haus umgeben von blühenden Büschen und Blumen, von Geißblatt und Jasmin, und vor allem geschmückt von den beiden Spalierbäumen an der Südwand. Vor Jahren gab es eine stürmische Winternacht, in der die Temperatur auf minus 21 Grad Celsius sank. Eine seit Jahrhunderten nicht erlebte Kälte. Wir waren damals nicht anwesend, und als wir wiederkamen, gab es auf den Zitronenbäumen kein einziges Blatt mehr, alles abgefroren. Wir waren verstört. Das Haus war wie verwandelt. Die leeren Äste am

Spalier sahen aus wie Skelette. Da gab es nur eines: Die Bäume bis auf ungefähr 50 Zentimeter abzusägen und zu hoffen, dass beide Bäume wieder austreiben würden.

Doch im Frühjahr geschah etwas Seltsames: Beide Bäume trieben aus, einer viel stärker als der andere, aber immerhin! Im Spätfrühjahr sahen wir dann, dass der eine Baum dunklere Blätter hatte. Und als sie Früchte trugen, stellte es sich heraus, dass der stärkere Baum eine Bitterorange geworden war, während der andere eine Zitrone geblieben ist. Offenbar war die Zitrone auf dem Stamm einer Bitterorange veredelt worden, und wir hatten sie unterhalb der Veredelung abgeschnitten. Heute bringt der Orangenbaum viele Kilo Bitterorangen hervor, von denen wir mühevoll, aber begeistert eine Orangenmarmelade kochen, wie man sie in England kaum besser macht.

Bei uns wachsen auch Blumen, die in Mitteleuropa den Winter nie überdauern würden. Die Passiflora bedeckt unser Glashaus, damit die Sonnenstrahlen im Inneren nicht alles versengen. Aber die Hitze muss man mögen und ertragen können, denn im Sommer ist es schon merklich heißer als nördlich der Alpen. Wenn dann die Zikaden in der vor Hitze zitternden Mittagsluft zirpen und die Eidechsen regungslos auf der Mauer liegen, scheint es, als würde die Welt stillstehen. Alles ringsumher sinkt in einen Trancezustand. Man selbst hat Angst, diese Stille zu stören. Wenn das Gezirpe der Zikade verstummt, hört man jedes Blatt, das sich bewegt.

Die Nachbarn

Al bisogno si conosce l'amico.
In der Not lernt man die Freunde kennen.

An einem Sonntagmorgen standen sie da, vor unserem Haus,
vier Männer, die uns zu sprechen wünschten. Es waren unsere
Nachbarn, die Bauern von den Grundstücken, die an das unsere
grenzen. Wir kannten sie schon, aber eben nur vom Sehen und
Grüßen. Und wir hatten auch nicht damit gerechnet, als Fremde,
als Städter, als Ausländer, von ihnen so bald akzeptiert zu werden. Nun waren sie gekommen, doch was wollten sie? Etwas
umständlich stellten sie sich vor mit Vornamen und Familien-
namen, aber auch mit dem Hinweis, man möge sie nur mit dem
Vornamen ansprechen.

Sie hätten uns nun schon eine Weile zugeschaut, und gerne
gäben sie zu, dass dies nicht ganz ohne Misstrauen war. Wer wir
doch seien, wie wir uns doch verhalten würden, was wir da vor-
hätten und was nun aus dem Haus und dem Grund werden
würde. Ein Haus und ein Grund, die sie alle sehr gut kannten.
Die vor uns in dem Haus gelebt hatten, waren ihre Nachbarn
und ihre Freunde. Sie waren ausgewandert, die Söhne wollten
nicht mehr bleiben, sie gingen in die Industrie, in die Stadt. Das
war nicht nur der Verlust von Nachbarn und Freunden, das war
auch eine Herausforderung für sie alle: Sollte man nicht Gleiches
tun? Lohnte es sich noch, auf dem Lande zu bleiben? Konnte
man aus dem Land überhaupt noch einen ausreichenden Lebens-
unterhalt erwirtschaften? Zum Teil waren sie noch Pächter, zum
Teil hatten sie die Häuser und Gründe schon erworben, doch waren sie alle mehr oder weniger in der gleichen Lage: Mit vier bis

fünf Hektar waren die Gründe an sich zu klein, um die Familien zu ernähren. Aber ihre Häuser boten eine gute Heimstatt, und die Arbeit machte ihnen Freude. Und sie wussten auch, wie herrlich schön es hier war, eine Natur und eine Landschaft, von der sie sich nicht trennen wollten.

Sie wussten sich zu helfen, sie erfanden für sich, was vor ihnen in anderen Ländern schon viele erfunden hatten – ein Prinzip der gegenseitigen Hilfe, das nahe an das Modell einer Genossenschaft herankam. Alle Arbeiten verrichteten sie von nun an gemeinsam, benützten gemeinsam die Traktoren und die Fräsen, bearbeiteten ihre Gründe gemeinsam, schnitten die Bäume und ernteten die Oliven. Auf wessen Grund sie gerade arbeiteten, dort kochte die Hausfrau das Mittagessen, und jede strengte sich an, etwas möglichst Gutes auf den Tisch zu stellen. Sie schwärmten vom letzten Essen beim Nachbarn Alvaro. Jetzt aber waren sie gekommen, um uns ihre Hilfe anzubieten.

Sie hatten uns beobachtet, und was sie dabei wahrnahmen, hatte offenbar ihr Misstrauen beseitigt. Das sagten sie auch: Sie hatten gesehen, dass wir uns um die Erhaltung all dessen bemühten, was unsere Vorgänger in diesem Haus und auf diesem Grund hinterlassen hatten. Wir waren hier nicht eingezogen, wie man es von manchen Städtern aus Mailand, Rom oder Turin gesehen hatte, die aus alten Häusern moderne Villen gemacht hatten, denen das Land, die Oliven und der Wein nichts bedeuteten und die sich sogar über die Vorschriften des Denkmalamts hinwegsetzten, denn die Olivenbäume stehen hier unter Denkmalschutz, das Landschaftsbild darf nicht verändert werden. Und da wir offenbar alles so erhalten wollten, wie es bisher gewesen ist, wären sie bereit, dies für uns zu tun, denn dass wir das nicht tun konnten, war ihnen natürlich klar, waren wir doch über größere Zeitabstände gar nicht da und gewiss auch keine Bauern.

Aber wie konnten wir ihrem genossenschaftlichen Prinzip entsprechen, in dem doch jeder für jeden arbeitete? Nun, das hatten sie sich schon überlegt, und sie sagten es geradeheraus: Obwohl sie es bisher noch nie getan hatten, wären sie bereit, sich ihre Arbeit mit Geld ablösen zu lassen. Sie hatten sich auch schon einen Preis ausgedacht. Sie nannten ihn, und er war sehr bescheiden. Wir waren überglücklich. Nicht nur, weil damit eines unserer größten Probleme im Zusammenhang mit diesem Grundstück gelöst schien, sondern auch, weil wir mit diesem Angebot unseren Nachbarn ein großes Stück nähergekommen waren. Um es vorwegzunehmen – sie alle sind im Laufe der Zeit unsere Freunde geworden.

Als sie kamen, um zum ersten Mal unseren Grund zu bearbeiten, erkannten wir, wie sinnvoll, aber auch wie ökologisch richtig die Landwirtschaft hier angelegt war. Wir hatten uns schon gewundert, was alles auf diesem Grund wuchs. Da waren einmal die Olivenbäume, Reihe für Reihe auf eigens für sie angelegten Terrassen gepflanzt. Der Sinn der Terrassen war klar: Das oft rare Regenwasser war maximal aufzufangen und zu speichern. Auch sollten die Mauern Erdrutsche und Muren verhindern, wenn es einmal ordentlich regnete, und das hieß in der Toskana Regen von wolkenbruchartiger Heftigkeit, der oft tage- und sogar wochenlang anhielt. Die Terrassen aber wurden gleichzeitig auch anderweitig genutzt. An ihren Rändern standen die Weinstöcke. Selbst der Sonne ausgesetzt, sorgten sie mit ihrem Schatten dafür, dass der Boden rund um die Olivenbäume nicht zu schnell austrocknete. Und deutlich war noch zu sehen, dass man auf diesem Boden zwischen den Olivenbäumen Hafer und Lupinen angebaut hatte, den Hafer vermutlich für die Pferde, die Lupinen zur Selbstdüngung des Bodens, denn ihre stickstoffreichen Samen wurden, sobald sie reif waren, in den Boden eingepflügt. Ein Dünger, der wenig, ja nichts kostete.

Und offenbar gab es früher auch noch eine andere Art von Dünger – jene Teile der Schafwolle, die übrig blieben, wenn man die Haare auf gleiche Länge schnitt, wie es die Abnehmer in den Textilfabriken vorschrieben. Später lernten wir, dass man von dieser Art der Düngung bis heute nicht abgegangen ist. Die Bauern halten zwar keine Schafe mehr, weil es in diesem offenen Gelände und bei der geringen Größe der Gründe eines Hüterjungen bedürfte, den es bei der heutigen Schulpflicht nicht mehr gibt. Aber die Textilfabriken verkaufen den Bauern für wenig Geld die Enden der neuseeländischen Schafwolle, die beim Schnitt übrig bleiben. Doch der Schnitt erfolgt erst, nachdem die Wolle gefärbt ist, und darum werden rund um unsere Olivenbäume grüne, rote und violette Schafwollreste in den Boden eingebracht. Schafwolle als Dünger? Die Wolle zersetzt sich im Boden und wird von einer Unzahl kleiner und kleinster Lebewesen als Nahrung aufgenommen, und deren Exkremente düngen die Oliven. Kunstdünger kennen die Bauern hier nur vom Hörensagen, er wäre ihnen auch viel zu teuer.

Dann sahen wir, wie sie die Weinstöcke bearbeiteten. Als feste Pflöcke holten sie sich das Holz der schlanken Akazienbäume, von denen es auf unserem Grund einen kleinen Wald gab. Dieses Akazienwäldchen war offenbar schon vor Generationen angelegt worden, um genau diesem Zweck zu dienen: die festen Steher für die Weinriegen abzugeben, sozusagen die Eckpfeiler. Dazwischen aber wurde der Wein von Stangen gehalten und an Stangen gebunden, die aus einem anderen Teil unseres Grundes kamen. Es handelte sich um Trockenschilf, das eine Höhe von zwei bis vier Metern erreichte und dessen Mittelteile geradezu ideale Stützen für den Wein abgaben. Und an diese Stützen werden die Reben gebunden, mit einem weiteren Naturprodukt vom eigenen Grund, mit den zarten Zweigen der Weidenbäume, die auch schon frühere Generationen sorgfältig entlang des kleinen Baches gepflanzt hatten, der durch unseren Grund fließt.

Was den Wein betrifft, war also alles, was man zu dessen Pflege braucht, schon vorhanden, mit Ausnahme der Spritzmittel, die auch hier zur Bekämpfung von Ungeziefer und Krankheit angewendet werden. Aber es sind die mildesten unter den Giften:

Schwefel und Kupfersulfat, beide leicht abwaschbar, und beide werden auch von jedem Regen prompt abgewaschen.

Lange Zeit blieb für uns unklar, weshalb es auf dem Grund derart viele Haselnussstauden gab. Dabei ist der Ausdruck Staude nicht angebracht: Die einzelnen Äste wachsen wie Bäume aus dem Boden, werden bis zu 30 Zentimeter dick und ragen oft 15 Meter hoch – der schon erwähnte Haselnusswald. Doch nach einem der heftigsten Regengüsse, den die wettererprobte Toskana je erlebt hatte, erkannten wir den Nutzen auch der Haselnüsse: Ihr Wurzelwerk trotzt den Wassermassen und hält den Boden fest.

Es gibt nur eine einzige andere Pflanze, und es gab sie auf unserem Grund in großer Dichte, die Gleiches und noch Besseres vollbringt: wilde Brombeeren. Sie erteilten uns eine unvergessliche Lehre. Als wir endlich wussten, was nun alles zu unserem Grund gehört, wussten wir auch, dass ein Teil dieses Grundes völlig verwildert war. Wie uns schien, einer der schönsten Teile: das einzige flache Gelände im Talboden. Einst standen dort Obstbäume, jedenfalls waren sie da und dort in ihrer verwilderten Form noch erkennbar, aber überrankt wurde das gesamte Gelände von wilden Brombeeren. Wir nannten sie wild, weil sie ausschließlich aus ungeheuer langen, dicht mit großen Dornen besetzten Ranken bestanden, die ein undurchdringliches Dickicht bildeten. Was früher einmal an Bäumen da war, hatten sie umrankt und unter sich begraben. Also entschlossen wir uns, dieses schöne Stück Grund roden zu lassen. Keine große Angelegenheit. Ein Caterpillar besorgte das innerhalb eines Tages.

Aber damit war der Kampf gegen die wilden Brombeeren auf unserem Grundstück noch lange nicht gewonnen. Wo immer ein Stückchen Grund auch nur zeitweise nicht bearbeitet wurde, schossen sie aus dem Boden, die „Spini", wie sie die Bauern nennen. Lange bevor uns David Attenborough in seinen eindrucksvollen Filmen „Das geheime Leben der Pflanzen" vor Augen führte, konnten wir das geheime Leben der Spini beobachten: Sie blühen nicht, sie tragen keine Beeren und daher auch keine Samen. Sie vermehren sich durch Ableger, Triebe, die mit unglaublicher Geschwindigkeit wachsen und sich innerhalb von Tagen meterweit vorschieben. An jedem Hindernis, das ihnen entgegensteht, wachsen sie hinauf, überranken es und kommen auf der anderen Seite wieder zu Boden. Sobald sie eine entsprechende Distanz zur Mutterpflanze gewonnen haben, schlagen diese Triebe selbst Wurzeln, kappen sich von der Mutterpflanze ab und bilden ein eigenes Gewächs, das nun seinerseits wieder Dutzende Triebe dieser Art nach allen Seiten aussendet. Den Spini gelingt es solcherart in überraschend kurzer Zeit, sich über große Flächen auszubreiten. Kein Wunder, dass die Spini von den Landwirten gefürchtet sind.

Der Kampf gegen die Spini kennt kein Ende. Und viele meinen, er könne letztlich nicht gewonnen werden, denn ihre Wurzeln sitzen tief, und aus diesen Wurzeln werden immer wieder neue Triebe kommen. Wir haben den Kampf streckenweise doch gewonnen, indem wir auch die Wurzeln aufspürten und aushoben. Und haben diesen Sieg bald bereut. Denn wo immer wir die Spini samt ihren Wurzeln beseitigten, gab der Boden beim nächsten großen Regen nach und rutschte ab. Dutzende Muren waren die Folge. Jeder radikalere Eingriff in die Natur rächt sich hier sofort. Eine über Jahrhunderte gewachsene Naturordnung darf nicht gestört werden.

Aber immerhin haben wir einen Erziehungserfolg zu verzeichnen. Die Spini wuchsen entlang des schönen Weges, der durch unseren Grund führt. Und da wir sie von nun an schonten, überwucherten sie mit ihren Ablegertrieben regelmäßig diesen Weg. Und ebenso regelmäßig wurden sie von uns zurückgeschnitten, besser gesagt zurückgesichelt, zurückgehackt. Wir hatten uns schon damit abgefunden, dies in Zeitabständen immer wieder tun zu müssen – wer Spini duldet, muss sich mit ihnen plagen. Doch dann erlebten wir Erstaunliches. Eines Tages hatten die Spini offenbar begriffen, dass sie ihre Ableger unentwegt einbüßen und sich solcherart nicht vermehren können. Sie sandten keine Triebe mehr aus. Ihre ansonsten großen Blätter wurden sichtbar kleiner, und eines Tages stand die ganze Allee von Spini in voller Blüte. Nie zuvor hatten diese wilden Brombeeren geblüht. Aber in ihren Genen war die Information offensichtlich noch vorhanden, dass es auch eine andere Art der Vermehrung gäbe, als Ableger zu treiben. Diese Erbinformation wurde nun mobilisiert, sie blühten, sie trugen kleine Früchte und damit Samen. Diesen Teil des geheimen Lebens der Pflanzen hatte selbst Attenborough für seine Dokumentationen noch nicht entdeckt. So haben die Spini auch durch uns gelernt und nicht nur wir durch sie.

Doch wer hier einen Grund besitzt, der lernt nicht aus. Und meist lernt er erst durch Fehler. Da hatten wir also das schöne flache Stück Land am Talboden von den Spini gesäubert, aber nun musste damit auch etwas getan werden. Für uns war die Sache klar: Dieses Stück Erde bot sich doch als idealer Weingarten an.

Doch so, wie die Weinstöcke am Rande der Oliventerrassen wuchsen, schien uns das recht unökonomisch zu sein. Kein Traktor kam da heran, keine Fräse, keine Mähmaschine. Auf diesem flachen Stück Land sollte ein Weingarten entstehen, wie ihn die fortschrittlichen Winzer nördlich der Alpen nach neuesten wissenschaftlichen Erkenntnissen anlegen würden. Lenz Moser, ein bekannter niederösterreichischer Weinhauer, hatte da bahnbrechende Erkenntnisse gewonnen und zu Papier gebracht, ein Lehrbuch, wie Weingärten erfolgreich anzulegen wären. Wir besorgten uns das Lehrbuch, studierten es gründlich und weihten dann unsere bäuerlichen Nachbarn ein – in die von Lenz Moser gepriesene, arbeitssparende und die Erträge steigernde Hochkultur. Die Bauern kannten weder das Wort noch hatten sie von dieser Methode je gehört. Aber sie sind praktische Leute und erkannten die von uns geschilderten Vorteile der Hochkultur: Steher aus Beton würden jene aus Akazienholz ablösen, dies würde es erlauben, die Steher viel weiter voneinander entfernt aufzustellen und zwischen ihnen lange Strecken von Drähten zu spannen. Drähte, an denen sich die Triebe der Weinstöcke praktisch von allein hochranken können. Damit erspart man sich, die Triebe zu binden und auch zurückzuschneiden, zwei aufwendige Arbeitsgänge. Da die Weinstöcke solcherart aber auch viel mehr Bewegungsfreiheit gewinnen, bedanken sie sich dafür mit höheren Erträgen.

In Italien wird so ziemlich alles, was aus dem germanischen Norden kommt, für technisch überlegen gehalten. Die Lenz Moser'sche Hochkultur, von uns überzeugend vorgetragen, fand bei unseren Nachbarn daher auch bereitwillige Aufnahme. Mit ihrer Hilfe wurde der neue Weingarten angelegt: mit Betonstehern und den langen Drähten zwischen ihnen. Und in der Tat: Die Weinstöcke folgten Lenz Moser aufs Wort, sie rankten sich an den Drähten hoch, mussten nicht gebunden und auch nicht zurückgeschnitten werden.

Die erste Ernte war enttäuschend klein, doch das sei immer so bei Ersternten, trösteten uns unsere Nachbarn. Doch klein blieb auch die zweite und klein blieb auch die dritte Ernte. Kein Vergleich zu den Erträgen der Weinstöcke auf den Oliventerrassen, deren Reben nach alter toskanischer Art mühsam in runden Bögen mit Weidenruten an das Geflecht von Schilf gebunden wurden. Der Zufall wollte es, dass wir in jenem dritten Erntejahr unseren großen Lehrmeister, Lenz Moser, persönlich trafen. Wir berichteten ihm von unserem neuen Weingarten und wie genau wir seinen Ratschlägen gefolgt wären. Aber wir fügten auch hinzu, dass unsere Ernten im Vergleich zu den alten toskanischen Weinstöcken noch zu wünschen übrig ließen. Lenz Moser konnte es kaum fassen: Wo hätten wir die Hochkultur angelegt? In der Toskana? Mit toskanischen Reben? Falscher hätte man es nicht machen können. Die Art, wie die Toskaner ihre Reben auslegen und binden, sei eine Hochkultur par excellence, angepasst den Boden- und Klimaverhältnissen und solcherart selbstverständlich ertragreicher als die von Lenz Moser dem nördlichen Klima angepasste und von uns in die Toskana transferierte Hochkultur. Statt eines Lobes erhielten wir daher einen verdienten Tadel.

Die Gefahr, unsere toskanischen Nachbarn könnten sich unsere arbeitssparende Hochkultur zum Vorbild nehmen, bestand von Anfang an nicht. Sie halfen uns zwar, den Weingarten so anzulegen, wie wir es wünschten, aber er gefiel ihnen schon rein optisch nicht. Als wir mit etwas Stolz darauf verwiesen, wie doch die Weinstöcke entlang der Drähte geordnet in Reih und Glied standen, da stimmten sie uns zwar zu, aber diese Zustimmung traf uns hart: „Ja, sie stehen da wie die Soldaten." Und ohne unsere ausdrückliche Zustimmung einzuholen, begannen die Bauern jene Weinstöcke zu ersetzen, die am Rande der Oliventerrassen mit der Zeit an Altersschwäche eingegangen waren. Und die neuen Reben wurden wieder so wie die alten in großen runden Bögen ausgelegt und mit Weidenruten an das Geflecht aus Schilf gebunden. Sie tragen heute prächtig. Wir aber haben ohne großes Aufsehen unsere Hochkultur durch einen Jungwald ersetzt.

Giulio

Commetti al savio e lascia fare a lui.
Vertraue einem Weisen und lass ihn tun.

Überall standen Zementsäcke, Arbeiter und Handwerker gingen ein und aus im Haus, das ohne Fenster- und Türstöcke wie ein Fuchsbau aussah. Die Betonmischmaschine rasselte ihren grässlichen Leiergesang, und irgendjemand durchbohrte diesen Lärm mit einem schmalzigen Volkslied. Es war ein strahlender Tag, alles war gut gelaunt, und die weiße Setterdame unseres Nachbarn lag als Einzige faul in der Sonne und überlegte wahrscheinlich, ob in der Mittagspause ein Knochen für sie abfallen würde.

Beim Eingangstor oder besser bei den beiden Pfeilern, die das Eingangstor einmal bilden sollten, tauchte plötzlich Signor Cipriani auf. Er stand eine Weile still, ohne näher zu kommen, und sah dem Trubel zu. Dann wandte er sich an den ihm am nächsten stehenden Maurer und flüsterte ihm etwas zu. Er hatte eine Pullmankappe in der Hand und schien etwas verlegen. Der Maurer ging zuerst zum Baumeister, und der kam zu mir.

„Signor Cipriani will Sie sprechen."

Giulio Cipriani, um genau zu sein. Ich dachte, er sähe aus wie eine Kartoffel. Jedenfalls hatte er etwas Pflanzliches an sich, auch etwas Ätherisches, obwohl er mit seinen breiten Schuhen fest auf der Erde stand.

„Ich hörte, dass Sie vielleicht einen Gärtner suchen …"

Wieso, dachte ich mir, wusste er das? Ich hatte schon daran gedacht, es aber mit niemandem besprochen. In schlaflosen Nächten hatte ich mir rund um das Haus oft schon einen schönen Garten vorgestellt.

„Ja, wir könnten schon jemanden brauchen", sagte ich.

„Wie stellen Sie sich den Garten vor?", fragte Signor Cipriani, und ich gab zu, dass ich es nicht wusste, aber glücklich wäre, wenn er mir bei der Planung helfen würde. Ein Leuchten trat in seine Augen, als hätte er das große Glück gefunden.

Ich lachte ein wenig verlegen: „Sie sehen ja, wie das jetzt aussieht!" Weil er nichts sagte, fuhr ich fort: „Ich kenne mich mit den Pflanzen hier nicht gut aus. Sie wissen sicher, was gedeiht und was gut zum Haus passen würde."

Man muss sich vorstellen, dass ich diese Sätze mit äußerster Konzentration und recht stockend hervorbrachte, denn mein Italienisch war noch ziemlich lückenhaft. Jedes schwierige Wort musste ich endlos umschreiben, um mich einigermaßen verständlich zu machen.

Aber Signor Cipriani verstand mich. Das war ein gutes Zeichen.

Signor Cipriani sagte einfach, was er an Lohn verlangte und ob uns das recht wäre. Verwirrt fragte ich, ob er das Geld im Voraus wolle. Er lachte. „Das würde mich nur unglücklich machen. Ich käme mir vor wie in einer Zwangsjacke. Außerdem ist da noch eine Sache, die ich Ihnen sagen muss. Ich kann nicht jeden Tag kommen und auch nicht geregelte Arbeitszeiten einhalten. Macht Ihnen das etwas aus?"

Mir war genug, dass mir jemand, wenn auch noch so wenig, behilflich sein würde. „Signor Cipriani", sagte ich zögernd. Aber er unterbrach mich und sagte: „Nennen Sie mich Giulio!"

„Nun, Giulio, das ist mir recht. Kommen Sie eben, so oft Sie können."

„Sehen Sie", sagte er, „ich muss den Garten des Conte Anzilotti betreuen, und das nimmt manchmal mehr und manchmal weniger Zeit in Anspruch. Haben Sie irgendwelche Geräte?"

Ich verneinte. Wir hatten noch gar nichts, nicht einmal eine Schaufel.

„Also werde ich vorläufig meine Sachen mitbringen. Das macht ja nichts, ich wollte es nur wissen."

Es entstand eine Pause, und dann fuhr Giulio fort: „Sie werden sicher einen Gemüsegarten brauchen, nicht wahr? Wo wollen Sie ihn anlegen?"

Als ich nicht gleich antwortete, meinte Giulio, er hätte sich schon etwas umgesehen und ob ich nicht mit ihm den Platz prüfen wolle, den er für die Gemüsebeete vorschlagen würde.

Gleich unterhalb des Eingangs, drei Terrassen tiefer, ein kleines Stück Grund.

„Wäre das nicht eine ideale Lage?", fragte Giulio, und ich sah sofort, dass er recht hatte. Es müsste nahe am Haus sein, denn man wollte ja nicht meilenweit gehen, wenn man Gemüse brauchte. Ich fragte, ob es Diebe gäbe.

Da antwortete Giulio gelassen: „Nein, Diebe gibt es kaum, aber immerhin genügend Leute, die alles, was wächst, als Gemeingut ansehen. Sie dürfen nicht vergessen, dass dieses Haus fast zwei Jahre lang leer gestanden hat, und da haben sich einige Leute angewöhnt, alles, was hier wächst, mitzunehmen. Sie sollten überhaupt eine Tafel aufstellen, die besagt, dass hier Privatgrund ist. Das würde genügen. Sie haben doch nicht im Sinn, Zäune aufzustellen?"

Ich überlegte. Alle Fragen Giulios betrafen Dinge, über die wir noch nicht nachgedacht hatten.

„Gibt es denn Zäune bei den Nachbarn?", fragte ich, und Giulio schüttelte den Kopf.

„Wo kämen wir da hin, wenn jeder seinen Grund einzäunen würde? Erstens kostet ein Zaun ein Vermögen, und zweitens wäre das doch eine hässliche Einstellung gegenüber den Nachbarn, sozusagen ein Beweis, dass man ihnen misstraut. Jeder darf hier durch den Grund des Nachbarn gehen."

Ich meinte: „In der Stadt ist das ganz anders", und Giulio nickte: „Ja, ja, in der Stadt sperrt jeder seine Tür gut ab, aber deshalb gibt es dort auch so viele Diebe!"

Giulio begann sich in mein Herz einzuschleichen. Ich fragte ihn, ob jetzt eine gute Zeit wäre, einen Gemüsegarten anzulegen, denn bei uns zu Hause wäre noch Winter. Es war Februar, aber die Arbeiter werkten in Hemdsärmeln und die Mittagstemperaturen betrugen etwa 15 Grad Celsius.

Giulio bedeutete mir, dass ich ihm folgen sollte. Auf der anderen Seite des Hauses, unter der Mauer, blühten wilde gelbe Narzissen. Bei all der Aufregung um den Hausbau hatte ich sie noch nicht bemerkt. Es war ein wunderbarer Anblick, und als ich dann auch noch Iris und Veilchen fand, war ich selig. Giulio aber wollte mir damit sagen, dass man jetzt einiges anbauen sollte – ja, jetzt wäre die allerbeste Zeit dazu.

„Ich werde nun anfangen, da unten umzustechen", sagte er. Und ich sagte: „Faccia pure." Dann fügte ich ein leiseres „prego" hinzu, was heißen soll: „Machen Sie nur, bitte!"

Es war eine meiner neuesten italienischen Redensarten, und ich war sehr stolz darauf. Sie half mir bei jeder Gelegenheit. Schließlich musste ich ja auf viele Fragen, von welchen ich einige kaum verstand, antworten, dass sie alle nur so machen sollten, wie sie es wollten. Ich glaube, sie wussten gar nicht, wie sehr ich ihnen ausgeliefert war. Ich kam mir vor, als säße ich auf einem Pferd, dessen Zügel gerissen waren, was das Pferd aber noch nicht wusste, sodass es mich weitertrug, in der Annahme, ich lenkte es.

Giulio schlug vor, dass wir uns ein anderes Mal über die Gemüsesorten unterhalten sollten, die er anbauen müsste, und verabschiedete sich, indem er mir die Hand fest drückte und die Mütze zog.

Ich hatte das Gefühl, dass ich einen Freund gefunden hatte, der mir beistehen würde, sollte ich Hilfe brauchen.

An Giulio war etwas Magisches, das fühlte ich. Ich verstand noch nicht, was es war. Vor dem Weggehen hatte er hinzugefügt, dass er bei gutem Mond aussäen könnte, aber ich hatte nicht verstanden, was er damit meinte. War das nur eine toskanische Redensart? Nein, so war das nicht. Denn später erfuhr ich, dass der Mond in der Landwirtschaft hauptsächlich beim Aussäen und beim Weinbau eine besondere Rolle spielte. „Bei gutem Mond" hieß bei abnehmendem Mond. Schließlich hatte sich der Glaube an den Einfluss des Mondes durch Jahrtausende erhalten, und wir wurden immer sicherer, dass wirklich etwas dran war.

Giulio war jedenfalls der pflanzlichen Magie verfallen, und ich wollte, ich hätte alle seine Sprüche immer gleich niedergeschrieben. Ich war sicher, dass er, wenn er unbeobachtet war, mit seinen Pflanzen Gespräche führte und dass sie ihm auch zuhörten.

Später, als ich ihn schon gut kannte, hielt er mir oft lange Vorträge, wie man am besten mit den Pflanzen zurechtkäme, so, als wäre das eine Welt, in die nur Eingeweihte Zutritt hätten. Längst weiß ich, dass er recht hat und man sehr wohl einen sechsten Sinn braucht, um sie zu verstehen.

Es ist wahr, dass ich mich nie ernsthaft mit Botanik befasst hatte, denn wenn ich an meine Botanikstunden in der Schule zurückdenke, dann weiß ich auch, warum davon nur kümmerliche Reste übrig sind. In dieser Botanik gab es keinen Raum für Mystik. Giulios Wissen aber war Verstehen, nicht nur leere Namen und Bezeichnungen.

Vom guten Mond angefangen bis zu den Geheimnissen des Rosenschnitts war alles Mystik. Eine Pflanze schneiden, sagt Giulio, muss man immer schnell und dezidiert, nur nicht zögern. Das mögen die Pflanzen gar nicht.

Der Pflanzenschnitt ist eine schnelle, aber heilige Handlung. Eine Art Fastenzeit beginnt für die Pflanze, die sie zu neuem Wachstum anregt. Wenn der Schnitt gut ist, lohnt dir die Pflanze das durch starke neue Triebe. Die zaghaften Gärtner sind die schlechtesten. Wenn ich Giulio beim Weinschnitt zusah, spürte ich diese innige Verbundenheit zwischen ihm und der Rebe. Im selben Maße aber wuchs auch meine Verbundenheit mit Giulio.

Abgesehen von seinen landwirtschaftlichen Weisheiten aber hatte Giulio einige nicht ganz vertretbare Ansichten über die Politik und das Leben im Allgemeinen. Eine seiner Hauptthesen war, dass die Welt viel besser dran wäre, wenn nicht so viele Leute in die Schule gingen. Schließlich half ihnen das viele Wissen, das sie sich da aneigneten, nicht im Geringsten, um glücklich zu sein. Sie verstünden nichts mehr von der Landwirtschaft, und wenn sie auch wüssten, wie man mit den großen Maschinen in der Gegend herumfährt, auf unseren schmalen Oliventerrassen konnten sie ja doch nichts damit anfangen. Während man jetzt schon zum Mond fliegen könnte, hätte noch niemand von diesen Alles-besser-Wissern eine Maschine erfunden, die die Arbeit auf den Terrassen bewältigen könnte. Und Arbeiten lernte man heute überhaupt nicht mehr. Diese jungen Burschen, die jede freie Minute, statt ihren Eltern bei der Arbeit zu helfen, auf ihren Motorinis ziel- und zwecklos herumfuhren, sollten lieber den Boden um die Oliven umgraben, wie es einst ihre Großeltern getan hätten. Erst dann sollten sie sich amüsieren. Zu seiner Zeit, als es diese Motorinis noch nicht gegeben hatte, da wären die Menschen viel glücklicher gewesen. Wenn man zu lange in der Schule sitze, besonders aber, wenn man sowieso keinen Kopf dafür habe, könne man sich doch nicht wundern, dass aus all diesen Jungen nur Tunichtgute würden.

Ich musste lachen, wenn er so über die heutige Jugend herzog, besonders wenn er sagte, er wäre froh, dass seine Frau ihm keine Kinder geschenkt habe, weil er sonst mit seinen Enkeln jetzt nur Scherereien hätte.

„Kommen Sie", sagte er eines Tages zu mir, „gehen wir meine Frau besuchen."

Ich wusste nicht genau, was er damit meinte, denn seine Frau, das wusste ich, war schon viele Jahre tot. Ich dachte, er wolle mir Fotografien von ihr zeigen, aber da sich das Gespräch vor der Kirche in unserem kleinen Ort abspielte, schien das seltsam. Ich folgte ihm jedenfalls, und wir gingen durch das mittel-

56

alterliche Stadttor hinaus. Ich immer knapp hinter ihm, denn die Straße ist dort sehr eng. Er führte mich zum Friedhof.

„Giulio", fragte ich, „wie lange ist Ihre Frau schon tot?"

„Morgen sind es 15 Jahre", sagte er, und da war keine Trauer in seiner Stimme. Ich hatte eher das Gefühl, als gingen wir jetzt zu seiner Frau auf einen Kaffeeplausch.

Sie lag in einem jener in den Friedhofsmauern übereinander angeordneten Gräbern, wie man sie häufig in Italien sieht. In Stein gemeißelt stand in goldener Schrift: „Elena Cipriani, Requiescat In Pace." Daneben die Fotografie einer rundlichen, munteren Frau, die an einem vorbei sah, hinüber auf die grünen Hügel, und so, als wäre sie gerade dabei, etwas zu sagen. Man hatte das sichere Gefühl, dass sie da war. Und als ich von der kleinen Leiter, auf die mir Giulio hinaufgeholfen hatte, hinuntersah, fragte er mich: „Gefällt sie Ihnen?"

Ich nickte und sagte in demselben Ton: „Ja, sie gefällt mir", ganz so, als wäre sie da.

„Wir kommen sehr gut miteinander aus", sagte Giulio, „jetzt muss sie sich keine Sorgen mehr machen."

Ich wollte nicht fragen, was sie sich denn für Sorgen gemacht hatte, früher, als sie noch lebte.

„Sie hat sehr gelitten", sagte Giulio, „und ich konnte ihr gar nicht helfen, wo sie mir doch so geholfen hat."

Wir gingen schweigsam aus dem Friedhof. Dann begann mir Giulio von Elena zu erzählen. Es war nicht so, als erzählte er von längst vergangenen Zeiten, eher so, als wäre sie nur gerade nicht da. Dieses Grab mochte zwar für alle anderen ein Beweis sein, dass Giulios Frau gestorben war, für ihn aber war sie bloß kurz abwesend. „Se ne' vanno all'altro mondo nell' al di là, come se andassero di là in un'altra stanza!", sagen die Toskaner. „Sie gehen in die andere Welt, als gingen sie nur in ein anderes Zimmer."

Giulio machte sich nie über uns lustig, außer wir kamen ihm mit irgendwelchen neuen Maschinen, mit denen wir viel Arbeit zu ersparen hofften, die aber meistens nicht so richtig funktionierten. Wir kauften Rebenbinder, Heckenscheren, neuartige Olivenkörbe und Ähnliches. Dinge, deren Fragilität Giulio sofort durchschaute und deren Unbrauchbarkeit ihm diebische Freude bereiten konnte. Manchmal musste er zugeben, dass ein modernes Gerät auch nützlich sein konnte, aber erst, wenn er es selbst getestet hatte und wenn, Gott behüte, kein Motor eingebaut war. Von allen Geräten, die wir anschleppten, gefiel ihm nur eine einfache Harke, die man hier nicht kannte und die ihm als sinnvolles Werkzeug erschien. Maschinen traute er überhaupt nicht. Er fand sie brutal und unmenschlich. Natürlich musste man ihm recht geben, aber die Uhr ließ sich nicht mehr zurückdrehen. So war es eben, und man musste sich damit abfinden.

„Ich nicht", sagte Giulio, „ich werde so weitermachen wie bisher."

Manchmal treffe ich Giulio auf dem Weg zu unserem Haus. Aber wenn ich ihn auffordere, ins Auto zu steigen, lehnt er dankend ab. Wenn es nicht unbedingt nötig sei, wolle er in diese Teufelserfindung nicht einsteigen. „Gehen ist gesund", sagte er. „Wenn ich einmal tot bin, dann dürft ihr mich mit dem Auto zum Friedhof hinaufführen, aber auch nur, weil ich dann nicht mehr selbst gehen kann. Bis dahin lieber nicht."

Giulio ist mit seinen 75 Jahren noch ein begeisterter Radfahrer, und jede Woche fährt er einmal zum Markt in den nächsten Ort, um Freunde zu treffen, Samen zu kaufen und um zu prüfen, wie das Gemüse anderer Leute aussieht. Er kommt jedes Mal sehr aufgeräumt zurück, was mich vermuten lässt, dass sein Gemüse den Vergleich gut bestanden hat.

Giulio wohnt im Hintertrakt der Villa Padronale des Conte Anzilotti, dessen Garten er pflegt. Er hat einen kleinen Hof für sich allein, in dessen Mitte die schönste aller Kamelien steht, die ich je in meinem Leben gesehen habe. Wenn sie blüht, ist das eine paradiesische Pracht, mit sonst nichts zu vergleichen. Seine Wohnung sowie der Garten sind stets so, als erwarte er gerade königlichen Besuch. Der Conte aber hat ein Haus in Florenz und kommt ganz selten mit seiner Frau. Giulios Arbeit und Mühe bleiben meist unbemerkt. Die Villa des Conte ist ein wunderbares Beispiel der Baukunst des 18. Jahrhunderts. Über eine lange Allee von erlesenen Bäumen gelangt man zu der doppelten Freitreppe, die links und rechts im runden Bogen zum Portal des Hauses hochführt. Das Haus ist rot gestrichen, wie alle Villen dieser Zeit. Rechts daneben ein Hof mit Zitronenbüschen in riesigen Töpfen. Dahinter eine großartige hohe Loggia, die den eigentlichen Arbeitsbereich Giulios darstellt, denn dort lagern Haufen bester Humuserde, Blumentöpfe jeder Form und Größe, Gartengeräte und Säcke mit besonderer Erde, die sich Giulio an verschiedenen Stellen im Wald zusammensucht. Da gibt es Erde aus einem Kastanienwald, dort eine aus dem Mischwald, Moorerde, die ihm ein Freund regelmäßig bringt, und sandige Erde, die er selbst mit der Olivengartenerde mischt. Es ist ein großes Gartenlaboratorium. Ganz hinten in der Loggia aber türmt sich ein Haufen von Stallmist, dessen starker Geruch einem die Rede verschlägt, wenn man zu nahe kommt.

„Das ist gut für die Lunge", sagt Giulio, „wie ein Riechfläschchen!"

Zwischen den großen Zitronentöpfen baut Giulio das Gemüse für den Conte an. Da er die Töpfe wegen ihres Gewichtes nicht verrücken kann und weil sie so wahllos verstreut dort herumstehen, muss Giulio seine Gemüsebeete rund um sie herum anlegen, was seinen Ordnungssinn sehr stört. Es gelingt ihm aber, eine Art Irrgarten zu machen, immer um die Töpfe herum, jedoch nicht rund, sondern in regelmäßigen rechtwinkeligen Geraden. „Ordnung muss sein", sagt er.

Wenn alles grün ist, sieht Giulios Garten geometrisch ganz exakt aus, und er ist stolz darauf. Jedenfalls gedeiht unter seinen Händen alles prächtig. Wenn einmal ein Hagel oder heftiger Sturm seine Ernte ruiniert, kann er physisch krank werden. Auf eine mysteriöse Art leidet er mit seinen Pflanzen.

Dass die Familie des Conte kein Interesse mehr an der Villa zeigt, muss Giulio sehr betrüben, aber er spricht nie darüber. Nur im Juli und August, wenn der Conte und seine Frau nach Viareggio ans Meer ziehen, wird wieder an Giulio und seine Gartenfrüchte gedacht. Anfangs, als mir Giulio davon erzählte, konnte ich es kaum fassen. Jedes Jahr um die Sommerzeit musste Giulio einmal in der Woche schwere Körbe füllen mit allem, was der Garten hergab, und sie per Bahn nach Viareggio bringen. Dort wurde er dann mit einem Auto vom Bahnhof abgeholt und verbrachte den Tag im Hause des Conte. In seinen Körben, die ich einmal besichtigen konnte, gab es Tomaten, Zucchini, Porree, Zwiebeln, Kartoffeln, Melanzani, Petersilie in großen Büscheln, zwei oder drei kleinere Töpfe mit Basilikum, Sträußchen frischen Rosmarins, Salbei, Thymian und Oregano, mehrere Stangen Sellerie, Karotten und Spinat oder Bietola. Die Körbe waren prallvoll und viel zu groß, als dass er sie auf das Fahrrad hätte hängen und dabei noch hätte fahren können. So hängte er sie beiderseits an die Lenkstange und schob das Fahrrad den ganzen langen Weg bis zum Bahnhof. Er murrte nie, obwohl diese wöchentliche Reise sehr beschwerlich für ihn war. Aber irgendwie war es für Giulio eine Bestätigung seiner Arbeit, dass man diesen Dienst von ihm verlangte. Mit der Bahn fuhr Giulio fast zwei Stunden, aber das war, wie er sagte, die einzige Zeit im Sommer, in der er sich ausruhte, denn im Zug konnte man ja nichts anderes tun als sich auszuruhen.

Giulio war gewohnt, seit dem Tod seiner Frau selbst zu kochen. Wann immer man zu ihm kam, stand etwas auf dem Herd, das köstlich roch, und da ich öfter etwas kostete, weiß ich, dass er ein guter Koch ist. Jeden Tag wenig Fleisch und viel Gemüse, immer eine kräftige Suppe und Salat. Zu Mittag nur einen guten Teller Spaghetti mit irgendeiner Sauce oder bloß Öl und Käse. Der Mensch braucht viel weniger Essen, als allgemein angenommen wird, sagt Giulio immer. Und vor allem muss er sich innerlich rein halten, denn sonst vergiftet er sich. Um dieser Ver-

giftung zu entgehen, nahm Giulio nach einem Rezept seiner
Großmutter täglich einen Löffel Medizinalöl zu sich, von dem er
immer mehrere Fläschchen zu Hause stehen hatte, damit es ihm
niemals ausgehen konnte. Das Rezept war ganz zerschlissen und
vergilbt, aber der Apotheker kannte es ja auswendig. Mir sagte
Giulio, dass er gar nicht wissen wollte, was es eigentlich wäre.
Ihm war wichtig, dass es ihm seit 30 Jahren gute Dienste geleistet hatte, und dass er sich bester Gesundheit sicher nur deswegen
erfreue, weil er es jeden Tag getreulich einnehme. Damit beginne
er den Tag sozusagen immer neu geputzt, innerlich und äußer-
lich, und da könne man den Innereien dann wieder einiges zutrauen. Natürlich fehlte bei Giulios Mahlzeiten nie der Wein. Zu
Mittag ein Glas und am Abend zwei. Immer nur Rotwein, denn
der war gesünder. Meine Kochkünste betrachtete er mit Misstrauen und war äußerst überrascht, wenn sich das Resultat als
essbar erwies.

Auf meine Frage, ob er sich nicht oft einsam fühle, sagte er
mit der größten Aufrichtigkeit, dass ihm, seit seine Frau gestorben war, eigentlich nie jemand abgegangen wäre. Er fühle sich
nie einsam, dazu hätte er keine Zeit.

Wenn er krank war, was äußerst selten vorkam, kümmerten
sich Riciardetto und seine Frau um ihn, denn sie wohnten Tür an
Tür mit ihm.

Hinter seinem Haus, außerhalb seines Gartentors, lagen der
Hof und an dessen Rückseite das Haus Riciardettos, der den Besitz des Conte verwaltete. Giulio und Riciardetto, beide schweig-
same, arbeitsame Menschen, die sich schon seit Kindheit kannten, verband eine tiefe Freundschaft. Nie habe ich sie streiten gehört. Der jüngere Riciardetto anerkannte Giulios Autorität und
behielt seine doch fortschrittlicheren Ideen über die Landwirtschaft für sich. Er war Präsident des Konsortiums der Ölbauern
und leitete die neue Ölmühle. Nur mit allergrößter Präzision in
seiner Zeiteinteilung gelang es ihm, sowohl die großen Lände-
reien zu bestellen als auch die Ölmühle zu betreiben. In der gan-

61

zen Gegend wusste man, dass Riciardetto der verlässlichste und fleißigste Mann war, und dass man immer auf seine Hilfe und seinen Rat zählen konnte.

So war das Leben Giulios auch gesichert durch die Freundschaft mit Riciardetto und dessen Frau, die einmal in der Woche in Giulios Haus nach dem Rechten sah, seine Einkäufe erledigte und seine Wäsche besorgte. Wenn man Giulios Wohnung betritt, umfängt einen eine Atmosphäre der Ruhe und stillen Freude, die man nicht beschreiben kann. Er beseelt dieses feudale Haus mit seiner simplen Gastfreundschaft, wie er den Garten mit Liebe zu den Pflanzen beseelt. Der Rest des Hauses, still in sich gekehrt, hütet die Geheimnisse der langen Kette der gräflichen Ahnen.

Giulio spürt noch diese alten Wurzeln, für ihn ist die feudale Zeit nicht vorbei. Der letzte Conte ist noch immer sein Herr. Er zieht weiterhin so die Mütze, als gäbe es weiterhin die alten Sitten. Trotzdem vergibt er sich nichts dabei, denn er arbeitet um der Pflanzen willen, aus Freude an der Sache. Er würde auch vor dem Pfarrer die Mütze ziehen. „Ohne Autorität", sagt Giulio, „verlieren die Menschen den Boden unter den Füßen." Autoritäten anzuerkennen heißt nicht, sich selbst zu erniedrigen. Was aber, wenn die Autoritäten schlimme oder dumme Dinge tun? Ja, das wäre nichts Neues! Die haben immer dumme Dinge getan. Die sind ja auch nur Menschen. Aber ganz ohne die Autorität geht es auch nicht, und es soll ihm niemand einreden, dass es dort, wo angeblich das Volk die Autorität darstellt, besser sei. Denn die Autoritäten sind immer dieselben. Da wie dort. Sie haben andere Namen, aber es ändert sich nichts.

Einmal hat er mir Fotografien seiner Frau und seines Neffen gezeigt. Es war ein trauriger, regnerischer Nachmittag, und wir saßen zusammen beim Fenster, während er mit leiser Stimme, so, als wolle er die Toten nicht aufwecken, von alten Zeiten erzählte. Der Neffe war ihm wie ein Sohn gewesen, aber auch er war früh gestorben. Sonst hatte er niemanden mehr. Alle seine Geschwister waren tot. „Es ist seltsam", sagte Giulio, „wenn nach mir niemand da sein wird, der etwas über uns weiß …" Aber er sagte es nicht traurig, eher selbstverständlich. So ist das Leben eben.

Ich sagte: „Jetzt weiß ich etwas über Sie, und auch Riciardetto weiß viel, und in meinen Büchern kommen Sie vor, Giulio!"

Giulio lachte verlegen: „Ich bin nicht so wichtig", sagte er.

Aber ich war nicht seiner Meinung. „Sie sind wie ein Baum", sagte ich, „fest verankert in dieser Erde!"

„Wie ein Baum? Das ist schön, dass Sie das sagen", meinte er.

Wenn viele Leute beisammen sind, wird er schweigsam. Trubel mag er nicht, sagt er, und geht immer als Erster nach Hause. Das erspart ihm auch, dass man ihn nötigt, im Auto mitzufahren. Vor Finsternis und ihren Geistern hat er keine Angst. Ein paar Mal sprach ich ihn an, um herauszufinden, ob er abergläubisch wäre. Nein, abergläubisch war er nicht! Schwarze Katzen, Kleeblätter und Ähnliches bedeuteten ihm nichts. Die Sache mit dem Einfluss des Mondes und der Gestirne hatte ja nichts mit Aberglauben zu tun. Das wäre seit Hunderten Jahren überliefert und hätte Sinn und Zweck.

Er ging in die Kirche, aber wir sprachen nie über Religion. So wie ich ihn kenne, könnte er auch ein Heide sein. Niemals nahm er Gottes Namen in den Mund, es sei denn für ein paar deftige Aussprüche, die er aber selten gebrauchte. Wenn der Name Gottes manchmal in alten Sprichwörtern vorkam, so sprach er ihn nie aus, als glaubte er wirklich an ihn. Wenn er von der Schlechtigkeit der heutigen Welt sprach, so nie im Zusammenhang damit, dass immer weniger Leute in die Kirche gingen. Den sonntäglichen Weg hinauf zur Messe ging er immer allein, denn er wollte sich nicht den Frauen anschließen, die außer ihm die Einzigen waren, die die Kirche besuchten.

Vom Pfarrer hielt er nicht viel, denn der war ihm zu progressiv. Pfarrer sollten sich nicht in die Angelegenheiten der Gemeinde mischen. Sie sollten auch nicht Auto fahren, sondern zu

Fuß gehen wie er. „Son' tutti uguali", was heißen soll, dass alle gleich sind, also gleich schlecht. Aber der Pfarrer war auch nur ein Mensch.

Giulio ist nicht mehr bei uns. Eines Tages sagte er uns, dass er jetzt mit seinen 77 Jahren nicht mehr beide Gärten betreuen könnte. Den Garten des Conte könne er aber nicht aufgeben, denn er wäre dem Conte ja verpflichtet, nicht nur, weil er dort wohne.

Wir wissen, dass es ihn sehr schmerzte, zugeben zu müssen, dass auch er jetzt alt wurde. Wir waren untröstlich, aber nicht nur, weil es nie wieder jemanden geben würde, der seine Arbeit so machen würde wie er, sondern vor allem, weil er uns als Freund fehlt. Der Schuppen mit den Gartengeräten heißt immer noch „Giulios Cantina". Und so wird er auch immer heißen. Weiterhin sagen wir „Giulio hat das so gemacht" oder „Giulio würde das nicht so machen". Sein freundliches Lächeln fehlt uns und seine Güte und Weisheit.

Pordina

Dono di consiglio vale più che d'oro.
Guter Rat ist mehr wert als Gold.

Ich war zu jener Zeit oft allein in dem großen Haus, und wenn ich auch keine Angst hatte, so war ich doch nicht wirklich ruhig. Hier konnten fremde Hunde ums Haus schleichen, Jäger grußlos vorbeigehen, Katzen auf den Dächern schreien, dass es ein Graus war. Alles Dinge, an die man nicht gewöhnt war.

Man kann sich meine Freude vorstellen, als die Bäuerin von nebenan eines Tages vor der Tür stand und mich lachend fragte, ob ich im Haus Hilfe brauche.

Ich sagte sofort Ja. Es schien mir, als hätten wir schon ewig aufeinander gewartet. Seit meinem Zusammentreffen mit ihr ist mein Leben, nein, unser aller Leben, in andere Bahnen geraten. Durch sie waren wir plötzlich hier zu Hause in der Toskana. Man könnte sagen, weil sie uns adoptiert hat.

Sie war ein Mensch ohne Tarnkappe, ohne Maske, ganz ohne Komplikationen. Ein totaler Mensch. Freundlich, herzlich, leidenschaftlich, gerecht und ungerecht in gleichem Maße, von verblüffender Offenheit und kohlrabenschwarzer Seele, wenn es um Nichtstuer, Streikende, Entführer und nicht zuletzt um Meridionali ging.

Letztere sind alle, die südlich von Rom leben, aber natürlich auch die Römer selbst, genauso wie die Sarden, die Norditaliener, Friulaner, Piemontesen, und wie die Venezianer und schon gar die Milanesen und Turiner alle kaum als Menschen anzusehen, sagt Pordina. Die sollen schön brav dort bleiben, wo sie sind, dort kann man sie ertragen, aber hier in der Toskana haben sie allesamt nichts zu suchen.

Meine liebe, gute, schrecklich schlechte Pordina. Eigentlich Leopoldina, aber die Toskaner funktionieren das „L" in der Mitte eines Wortes in ein „R" um, gerade umgekehrt wie die Chinesen. Wir sprechen einander nach Jahren noch immer mit „Sie" an, aber wenn wir Lebewohl oder Benvenuto sagen, umarmen und küssen wir uns wie Schwestern.

Am nächsten Morgen kam sie pünktlich um neun Uhr dreißig, so war es ausgemacht, und übernahm das Haus. Das heißt, sie ließ sich von mir einmal alles zeigen. Alles schien ihr selbstverständlich, und mit wenigen Fragen hatte sie herausgefunden, worauf es ankam und welchen Teil des Haushaltes sie zu übernehmen hatte.

Das Schönste an den Toskanern und insbesondere auch an Pordina ist ihr Taktgefühl. Nie wird sie nach Dingen fragen, von denen sie annimmt, dass sie uns unangenehm sein könnten, obwohl sie selbst über alles, was sie betrifft, sehr offen redet. Mit Ausnahme vielleicht über Politik. Da weiß ich bis heute nicht, wie sie denkt. Aber es scheint mir, dass sie eine echte Anarchistin ist, auch wenn sie selbst es nicht weiß. Sie findet alle Politiker höchst überflüssig. Die sollten doch lieber etwas Anständiges arbeiten, dann kämen sie auf bessere Gedanken! So verbrauchen sie nur viel Geld – auch das Geld der Pordina.

Das Taktgefühl aber geht seltsame Wege und ist sicher mit dem sprichwörtlichen Stolz der Toskaner eng verbunden.

Wann haben Sie zum letzten Mal jemanden in unseren Breiten getroffen, einen Handwerker oder Arbeiter, der es unter seiner Würde fand, über Geld zu reden?

Auf die Frage „Haben Sie die Rechnung mitgebracht?" wird immer und überall mit einem strikten „Nein" geantwortet. Man geht doch nicht mit Rechnungen spazieren! Das sähe ja dann so aus, als täte man die Dinge, die man tut, nur wegen des Geldes! Dabei sind die Rechnungen schon längst fertig und irgendwo in einer Tischlade, fein säuberlich detailliert und in Ordnung. Um Geld zu arbeiten, würde einen vor dem Geldgeber erniedrigen.

Man tut seine Arbeit aus Freude. Wie viel daran wahr ist, ist letzten Endes gleichgültig, denn auch der Geldgeber fühlt sich besser, wenn er nicht gemahnt wird.

Wie das alles in Wirklichkeit funktioniert, weiß ich bis heute nicht, denn die Menschen müssen ja von etwas leben.

Einmal war ich dem Schlosser, da ich im Zuge des Hausumbaus viele Dinge im Kopf hatte, ein halbes Jahr lang eine Rechnung schuldig. Durch Zufall, als ich wieder einmal wie schon so oft an seinem Haus vorbeifuhr, fiel mir plötzlich ein, dass ich ja für das Eingangstor noch nichts bezahlt hatte. Zuerst wollte ich gar nicht fragen, denn es schien mir unmöglich, dass er keine Rechnung geschickt hatte, dann aber ging ich zu ihm hinein und fragte. Er rief ohne Zögern, jedoch ohne ungehalten zu sein, seinen Sohn und bat ihn, die Rechnung zu bringen, sie läge im Schreibtisch. Ich war beschämt. Es stimmte also. Ein halbes Jahr lang war diese Rechnung fällig gewesen! Als ich mich vielmals entschuldigte, sagte er lachend, er hätte keine Sorge um sein Geld gehabt. „Wieso denn?", fragte ich, und er antwortete: „Sie sind doch jeden Tag an mir vorbeigefahren, und Sie waren fröhlich und gesund ..."

Da musste ich so lachen, dass ich vergaß, beschämt zu sein – ich war gesund, das hatte ihm genügt!

Das alles musste ich erst verstehen, um die Geduld dieser guten Leute nicht unnötig zu strapazieren. Man musste eben selbst viel präziser Buch führen und durfte nie jemanden vergessen, denn gemahnt wurde man nicht. Das betrifft natürlich nicht die staatlichen Stellen wie Elektrizitätsgesellschaften und Telefondienst, denn diese waren imstande, einem, wenn man eine Frist versäumte, sofort das Licht oder das Telefon abzuschalten, ohne viele Mahnungen.

Pordina ist bei Geldangelegenheiten keine Ausnahme. Auch sie bringt auf die Frage nach der Abrechnung nie gleich beim ersten Mal die Rechnung mit. Ach, die habe sie vergessen! Morgen würde sie diese dann bringen.

Anfangs war ich oft nicht sicher, ob meine italienische Ausdrucksweise auch immer dem entsprach, was ich Pordina sagen wollte, und da dachte ich mir einmal, ich hätte sie vielleicht verletzt. Auf meine Frage, ob ich sie beleidigt hatte, sah mich Pordina seltsam an und sagte dann dezidiert: „Sie können mich nicht beleidigen!"

In unseren Breiten weiß man ja, was so etwas bedeutet, und ich lief rot an wie ein Krebs: „Wie meinen Sie das?", fragte ich, und sie antwortete ohne Zögern: „Weil ich Sie kenne!"

Diese Bemerkung habe ich nie vergessen. Ich will sie noch immer einrahmen für alle Misstrauischen und Kleingläubigen. Pordina kannte mich, und deshalb wusste sie, dass ich sie nie beleidigen wollte – das besagte diese Antwort, die mich nicht nur belehrte, sondern auch beschämte.

Das Ärgste, was Pordina über jemanden sagt, hauptsächlich über einen gewissen Signor G., der nicht allzu weit wohnt und ein unheimlicher Geselle ist, weil niemand so genau weiß, was er tut und man ihn immer des Nachts herumfahren sieht, er sei ein „Ignorante".

Wie weise! Wenn er ein Ignorant ist, weiß er eben den Unterschied zwischen Gut und Böse nicht. Er kennt sich auch bei den Menschen nicht aus. Er beleidigt sie, er schlägt seine Frau und seine Kinder und seinen Hund, aber alles nur, weil er dumm ist, und das ist ganz etwas anderes als böse. Ein Schurke, ein Taugenichts, ein Dieb könnte er sein! Aber nein, er ist einer, der es nicht besser weiß – „Ignorante".

Wie sollte ich diese Menschen also nicht lieben?

Und was hat Pordina von mir? Da gibt es allerhand. Erstens bin ich eine Frau wie sie und deshalb schon verbündet, obwohl das nichts mit Emanzipation zu tun hat, die in Italien ganz andere Wege geht.

Ich trinke wenig, rauche nicht, bin eine Ausländerin, aber nicht mondän. Ich lache viel und erzähle ihr Sachen, die sie sich nie hätte träumen lassen. „Guarda la Signora", sagt sie dann,

was so viel heißt wie: „Auf was die Signora nicht alles kommt!"
Immer völlig überrascht von den Dingen, die in meinem Kopf
vorgehen. Meine beste Eigenschaft ist jedoch, dass ich so gerne
Dinge von ihr lerne! Vor allem, was das Kochen anbelangt.
Außerdem liebe ich nicht nur sie, sondern auch ihre drei ganz besonders netten Söhne. Mit ihrem Ehemann tue ich mir nicht ganz
so leicht – das haben wir auch gemeinsam. Noch eine gemeinsame Passion verbindet unsere beiden Familien, nämlich das Pil-
zesuchen. Noch nie habe ich vorher einen Pilzsucher gefunden,
der ohne mit der Wimper zu zucken sein bestes Stück hergibt,
und ich schließe mich dabei mit ein! Sie aber tut es oder täte es,
wenn ich es zuließe.

Sie ist seit zwei Jahren von einer Pächterin zu einer selbst-
ständigen Bäuerin geworden, aber sie hat sich nicht geändert.
Wenn sie in Nöten ist, sagt sie es mir nicht, aber wenn ich
manchmal nicht rechtzeitig zur Bank komme, bietet sie mir sofort jede Summe an, die sie gerade im Haus hat.

Wann immer ich Rat brauche, frage ich Pordina, und ich
brauche oft Rat. Was muss man machen, wenn die Tochter von
Signora M. heiratet? Geht man zu diesem oder jenem Begräbnis,
muss man vorher die Familie besuchen? Ist man willkommen
beim örtlichen Dorffest? Sie weiß alles, zumindest aber hat sie
mir noch nie falsch geraten, denn mein und unser Ruf hier in der
Gegend hängt doch sehr von diesen kleinen Dingen ab.

Sie sagt mir zwar nicht, was die Leute über uns reden, aber
sie weiß es und sagt mir, wie ich mich jeweils zu verhalten habe.
Durch sie habe ich mich erst ernsthaft mit der toskanischen Seele
auseinandersetzen können, obwohl ich zugebe, dass es sich bei
dieser Seele hauptsächlich um die Bauernseele handelt. Aber da
wir mitten in einer ländlichen Gegend wohnen und alle Handwerker auch erst die erste Generation darstellen, die aus dem
Bauerntum kommt, ist das sehr wichtig.

Pordina hat mich jetzt schon so weit, dass ich allein laufen
kann, glaube ich. Außerdem sind meine Italienischkenntnisse

heute so weit gediehen, dass ich mehr oder weniger alles verstehen und mich verständigen kann. Ich weiß nicht, wie ich ohne sie zurechtgekommen wäre. Sie verbessert mich noch immer, wenn ich Fehler mache, aber sie entschuldigt sich dabei, und noch nie hat sie mich ausgelacht, obwohl meine Fehler sicher mitunter komisch waren. Oft hält sie mir Vorträge über die Schlechtigkeit der Welt und über die Tristesse unseres Daseins im Allgemeinen, aber sie strahlt förmlich dabei, sodass man glauben könnte, dass nichts so schön sei wie so ein tristes Leben.

Ihren Mann liebt sie wahrscheinlich. Aber sie nimmt ihn nicht sehr ernst, und im Grunde glaubt sie, dass die Männer ziemlich unnütz wären, wenn sie nicht stärker als Frauen wären und Landmaschinen betätigen könnten. Am meisten aber imponiert mir diese kleine resolute Frau, wenn sie sich bei ihrer Männerwirtschaft durchsetzen will. Sie hat ja schließlich drei Söhne und einen Mann. Die Selbstverständlichkeit, mit der sie den Haushalt führt und das Haus regiert, ist bewundernswert. Den Mann entlässt sie, ohne mit der Wimper zu zucken, jeden Samstagabend und auch am Sonntag. Das braucht er, sagt sie, und ist froh, dass sie endlich ein bisschen Ruhe hat.

Wer glaubt, dass die italienischen Frauen unterdrückt wären, der hat sich geirrt. Zu Hause geschieht, was die Frau will, ohne Frage. Der Mann kann in seiner Bar renommieren und Geschichten von seiner Größe und Stärke erzählen, was kümmert das die Frau, wenn sie sich das ja nicht anhören muss?

Pordina besucht meist ihre Eltern, die nicht allzu weit wohnen, wenn ihr Mann mit Freunden in der Bar ist. Dort holt er sie dann am Abend ab. So viel ich weiß, spielt sich das alles sehr friedlich ab. Der Mann muss auch seine Freiheit haben, meint Pordina, und sie hat sicher recht. Nur wenn es in der Nähe einen „Ballo Liscio" gibt, bekommt er keine Erlaubnis, allein auszugehen, denn Pordina ist eine begeisterte Tänzerin. Der „Ballo Liscio", was so viel wie „Glatter Ball" heißt, ist eine Tanzunterhaltung, bei der es keinen Discjockey gibt und nur die alten Tänze getanzt werden, also Polka, Walzer, Foxtrott und Ähnliches. Pordina will uns immer verführen, auch einmal mitzugehen, aber bis jetzt haben wir noch nicht die Courage aufbringen können, in die Intimität der Leute, von denen jeder jede und jede jeden kennt, einzutauchen. Vielleicht beim nächsten Mal, sagen wir dann. Meist findet ein „Ballo Liscio" in einem Saal hinter irgendeiner Bar statt. Sicher gibt es immer ein großes Gedränge, und sicher unterhält sich alles blendend. Pordinas Erzählungen vom letzten „Ballo Liscio" klingen jedenfalls so, und da die Bauern sehr selten über den Durst trinken, gibt es auch keine Wirtshausschlägereien, wie sie bei uns auf dem Land doch öfter vorkommen.

Eines Tages kam Pordina mit einem Gesicht wie eine Woche Regenwetter. Ich fragte sie besorgt, was denn los sei, und während sie nur mit Mühe die Tränen zurückhalten konnte, sagte sie mir, dass ihr ältester Sohn zum Militär einrücken müsste. „Es wird doch nicht so schlimm sein", tröstete ich sie. Aber die Tatsache allein war es ja nicht, was sie bedrückte. Sie wusste, dass das einmal kommen musste. „Nein! Aber sie haben ihn nach Cosenza einberufen!" – „Cosenza?" – „Ja, wenn Sie wüssten, wie es dort ist", sagte Pordina, „dann wären Sie auch entsetzt! Das ist nämlich da unten in Kalabrien, dort, wo sich die Füchse gute Nacht sagen! Das Essen, habe ich mir sagen lassen, ist einfach furchtbar! Stellen Sie sich meinen armen Riccardo vor, ganz allein unter den Kalabresen, und bei dieser Kost! Er kann nicht einmal am Wochenende nach Hause kommen, denn das ist viel zu weit! Und Sie wissen doch, wie mager er ohnehin ist, jetzt wird er ganz vom Fleisch fallen – es ist eine Tragödie!" Sie wischte sich hastig über die Augen, um ihre Tränen zu verbergen.

Es geht hauptsächlich um das Essen, dachte ich mir, dann aber auch um die große Distanz von hier. So lange hatte sie sich um ihn kümmern müssen, denn immer war er schon ein wenig schwächlich gewesen. In der Armee fragte man nicht nach den

Geschmäckern der Herren Soldaten. Kalabresischen Köchen konnte man auch das Kochen à la Toskana nicht beibringen.

Plötzlich erhellte sich Pordinas Gesicht. „Ich werde ihm einmal in der Woche ein Paket schicken. Das ist die Rettung!"

Die Carabinieri und die Jagd

Consiglio di vecchio non rompe mai la testa.
Der Rat der Alten hat noch nie geschadet.

Kurz nachdem wir das Haus bezogen hatten und erstmals Weihnachtsferien darin verbrachten, wurden wir von Lärm geweckt. Es krachte rund um das Haus, und auf das Dach prasselte es, als würde es hageln. Zunächst glaubten wir, es wäre ein Gewitter, aber als wir dann genau hinhörten, krachte es ganz anders und wir wussten bald, dass es nicht Hagelkörner, sondern Schrotkugeln auf unser Dach regnete. Nicht weit vom Haus entfernt stand ein finsterer Geselle mit einer riesigen Schrotflinte und ballerte in der Gegend herum. „Unerhört", sagten wir wie aus einem Munde. Da musste man etwas machen.

Ich überlegte lange, was ich diesem Unbekannten zurufen konnte. Schließlich rief ich beim Fenster hinaus: „Zitto, via!" Was so viel heißt wie: „Ruhe, weg!" Es war nicht sehr höflich, aber ich war wirklich wütend. Was machte dieser Mensch so nahe am Haus? Auf was schoss er denn überhaupt? Die Nähe der Kugeln ließ eher darauf schließen, dass er es auf uns abgesehen hätte.

Aber dem war nicht so. Er hatte es auf kleine Vögel abgesehen, die recht zahlreich in unserem Lorbeerbaum wohnten.

Also, das geht nicht, sagte ich mir, da musst du etwas unternehmen!

„Ich gehe zu den Carabinieri", sagte ich, „und bitte sie, eine Jagdverbotstafel aufzustellen."

Und so machte ich mich am folgenden Tag auf den Weg zur Polizeistation, die sechs Kilometer entfernt war.

Wie wir mit den Jägern fertig würden, hatten wir uns noch nicht überlegt. Die Bauern rundherum jedenfalls hätten es sicher nicht verstanden, wenn wir unser Grundstück eingezäunt hätten, denn der ganze Berg um uns herum ist von allen Seiten frei zugänglich, und doch wird die Privatsphäre der Bewohner respektiert.

Als ich in der Polizeistation ankam, war ein sehr gewichtig und besonders adrett aussehender Carabiniere mittleren Alters gerade dabei, einen Bericht mit einem Finger auf einer Schreibmaschine zu tippen. Er sprang auf und schob mir einen Sessel zurecht. Das fängt gut an, dachte ich, vielleicht wird es eine ganz einfache Angelegenheit. Ich erklärte ihm etwas stockend unsere Situation und fragte, ob wir eine Tafel mit „Divieto di Caccia" aufstellen könnten. Er sagte nichts und sah mich lange an. „Seit wann sind Sie schon in der Gegend?", fragte er schließlich. Ich erzählte, dass wir vor Kurzem eingezogen waren, ich aber während der Renovierungsarbeiten mehrere Monate lang hier gewesen sei.

„So, so", sagte er nachdenklich. Ich wusste nicht, was es da viel nachzudenken gab, wartete aber ab, bis er sich endlich räusperte: „Kennen Sie Ihre Nachbarn?", fragte er unvermittelt.

„Ich glaube, ja", sagte ich.

„Überlegen Sie doch. Ist Ihr rechter Nachbar ein Jäger?"

Ich dachte nach, und dann sagte ich: „Ja, ich glaube schon."

„Und ist Ihr linker Nachbar ein Jäger?"

„Ja, der auch", meinte ich.

„Und der Nachbar oberhalb von Ihnen?"

„Ich glaube, auch der", sagte ich jetzt schon etwas kleinlaut.

Er stand auf und sah auf eine Landkarte, die an der Wand hing. „Ach ja, da sind Sie, nicht wahr?" Ich stand ebenfalls auf und stellte mich neben ihn. „Ja", sagte ich, „das sind wir."

„Also haben Sie unterhalb von Ihnen eigentlich keinen Nachbarn."

„Nein", sagte ich, aber ich wusste nicht, worauf er hinaus wollte.

„Ich frage Sie, wollen Sie lauter Feinde um sich haben?"

Ich starrte ihn an. Dann musste ich lachen. „Nein, das will ich nicht", sagte ich.

„Sehen Sie", sagte er. „Wenn Sie diese Tafel aufstellen, machen Sie sich nur Feinde. Angenommen, Sie stellen diese Tafel auf und es kommt trotzdem ein Jäger auf Ihren Grund. Was werden Sie dann machen? Wollen Sie die Jäger selbst verjagen, vielleicht mit einem Besen in der Hand oder einem Knüppel? Dann machen Sie sich nur lächerlich und verlieren Ihr Gesicht. Oder wollen Sie uns zu Hilfe rufen? Und wenn wir dann kommen, ist der Jäger doch längst über alle Berge, und wir erwischen ihn nie!"

Es war sicher die seltsamste Rede, die ich je von einem Hüter des Gesetzes gehört hatte. Was er meinte, war offensichtlich, dass es gegen derartige Gesetzesverstöße eigentlich keine Handhabe gäbe.

„Die Jagd ist in dieser Gegend ein uraltes Privileg. Die Leute haben ohnehin so wenig Privilegien, wenn man ihnen auch das noch nähme, dann wäre es ganz aus."

Er redet wie ein Guru, nicht wie ein Carabiniere, dachte ich, aber ganz so schnell wollte ich doch nicht aufgeben.

„Aber man sagte mir, dass die meisten dieser Jäger gar nicht gut schießen können", meinte ich. Er nickte. „Da haben Sie recht, schießen können die wenigsten von ihnen, deshalb gibt es bei uns ja auch noch genug Vögel!"

Wir lachten beide, aber ich warf, wieder ganz ernst, ein: „Man sagt auch, dass jedes Jahr bei der Jagd viele Leute aus Versehen angeschossen werden."

„Und wie oft das passiert!", sagte er seufzend. „Es ist tragisch, aber was wollen Sie machen, manche schießen halt auf alles, was sich bewegt!"

Gegen diese Einstellung konnte man einfach kein Argument mehr anführen. Ich seufzte. „Sie meinen, da kann man gar nichts machen? Man muss selbst sehen, dass unsere Gäste und wir nicht gerade in die Schusslinie kommen?"

„Nun, ganz so ist es nicht", sagte er und schmunzelte dabei. „Ein Jäger darf nicht mehr als 150 Meter an eine Behausung herankommen. Wenn er dieses Limit überschreitet, dann können, ja dann müssen Sie ihn anzeigen, zumindest aber aufmerksam machen. Das ist ja auch nahe genug, dass er Sie hört!"

Als er mein zweifelndes Gesicht sah, fügte er tröstend hinzu: „Diese Jäger, die jetzt nahe an Ihr Haus herankommen, wissen sicher nicht, dass es schon bewohnt ist. In den letzten Jahren ist das Haus leer gestanden, und das war natürlich ein Fressen für die Jäger in der Umgebung. Also machen Sie sich nicht allzu viele Sorgen, es wird schon nichts passieren!"

Nach einer kleinen Pause fügte er etwas zweifelnd hinzu: „Speriamo!" – „Hoffen wir!"

Ich gab mich geschlagen. „Ich verzichte auf das Jagdverbot."

„Signora", sagte er, „ich wusste, Sie sind eine intelligente Frau."

Die Polizei, dein Freund und Helfer, dachte ich. In diesem Fall war er wahrscheinlich wirklich ein Freund mit diesem Rat, denn seit unser Grund wieder bebaut wird, kommen die Jäger zwar, wenn die Jagdsaison beginnt, errichten sich kleine Laubhütten auf unserem Grund und ballern auch in der Gegend herum, aber ans Haus ist keiner mehr gekommen – so, als ob sie alle von dem Gespräch wüssten, das ich mit dem Carabiniere hatte. Und ob sie davon wussten …

Grappa

Legge fiorentina, fatta la sera e guasta la mattina.
*In Florenz werden die Gesetze am Abend gemacht und in der Früh
gebrochen.*

Wir machen zwar viel Wein, aber wir trinken nicht viel. Und
transportieren lässt sich unser Wein nicht, er ist, wie es die Bauern hier nennen, „un piccolo vino", „ein kleiner Wein", das
heißt ein leichter Wein, von nicht sehr hohen Graden, und ein
ganz natürlicher Wein ohne jegliche Zusätze oder gar chemische
Bearbeitung. Das heißt aber auch, dass er nicht sehr alt werden
kann. Was da im Jahr übrig bleibt, ist zu verkaufen, auch wenn
das nur wenig bringt. Schade, denn obwohl ein „kleiner Wein",
so ist er doch ein guter.

Schade, meinten auch unsere bäuerlichen Nachbarn, die den
Wein kennen, aber genügend eigenen Wein produzieren, sodass
sie als Abnehmer nicht in Frage kamen. Da machte uns Smeraldo, einer unserer Nachbarn, eines Tages einen Vorschlag. Warum, so meinte er, würden wir nicht aus dem Wein einen Grappa
brennen? Grappa, das lernten wir nun, wird hier jeder Schnaps
genannt, also nicht nur der, der diesen Namen aufgrund seiner
Herkunft aus Trebern verdient. Wir sollten also unseren über-
schüssigen Wein in Schnaps verwandeln, in einen Weinbrand,
der sei ewig haltbar und finde auch sicher Abnehmer.

Eine gute Idee! Aber wie und wo konnte das bewerkstelligt
werden? Man würde es uns wissen lassen. Und man ließ es uns
wissen: Am nächsten Samstag um neun Uhr abends werde man
den Wein abholen, wir seien eingeladen, mitzukommen. Um
neun Uhr abends am nächsten Samstag fuhr ein kleiner drei-

rädriger Lastwagen vor. Der Wein wurde aufgeladen und wir dazu. Ab ging es – zu Smeraldos Haus. Hier hatte sich das sogenannte Schnapsmännchen eingefunden, ein älterer Mann von zarter Gestalt, der – auf welche Weise wissen wir nicht – mit einem großen Kupferkessel gekommen war, der nun kunstvoll über dem offenen Kaminfeuer in Stellung gebracht wurde, indem man im Kamin mit Ziegeln eine Art Podest gebaut hatte. Aus dem Kessel ragte ein nicht sehr dickes Kupferrohr, das in einem steilen Bogen in einen Behälter mit Wasser und aus diesem wieder hinaus führte und an dessen Ende ein kleiner Hahn als Verschluss saß. Die Mechanik der Sache war sofort klar, als nun unser Wein in den Kessel umgeleert wurde: Das Feuer würde den Wein erhitzen, der Alkohol als Erstes „verdampfen" und dieser Dampf über das Rohr aus dem Kessel entweichen. Durch den kühlenden Wasserbehälter geleitet, würde sich der Dampf wieder verflüssigen, und was am Ende des Rohres dann herauskam, musste der Grappa sein.

Genau so war es auch. Obwohl es, wie wir bald merkten, doch großer Kenntnis und sogar Kunst bedarf, diesen Vorgang richtig zu steuern. Denn niemals darf der Kessel zu stark erhitzt werden, und um das Feuer niedrig und kontrollierbar zu halten, werden nur trockene Weinreben entzündet, die Stückchen für Stückchen in das Feuer unter den Kessel geschoben werden. Und das geschieht so: Um den Kamin stehen alle, die zu diesem Vorgang eingeladen wurden, das ist einmal Smeraldo und seine Familie, das sind einige der Nachbarn, das sind wir und das ist das Schnapsmännchen. Jedem von uns wurde ein Glas in die Hand gedrückt, und jeder von uns holte sich später ab und zu eine Kostprobe von dem in dünnem Strahl aus dem Rohr fließenden Grappa.

Während nun alle Anwesenden laufend ihre Meinung über den Zustand des Grappas abgaben, verstand es das Schnapsmännchen sehr geschickt, mit dem Fuß die Weinreben Zentimeter um Zentimeter in das Feuer zu schieben. Nie zu viel, nie zu wenig. Der Grappa kommt zunächst in einer hochgradigen Konzentration aus dem Kessel – 80 Grad oder mehr, und in dieser Konzentration ist er nicht trinkbar. Aber mit der Zeit wird er leichter und leichter und beginnt unter jene 45–42 Grad abzusinken, die er letztlich haben soll. Daher ist es notwendig, das entstehende Gemisch laufend zu kosten. Es ist klar, dass das Grappa-Brennen solcherart zum gesellschaftlichen Ereignis wird, zu dem die Nachbarn gern erscheinen. Je länger der Vorgang dauert, desto munterer werden die Gespräche, obwohl sie immer wieder zum eigentlichen Anlass zurückkehren: zur Beurteilung der Stärke und Qualität des Gebräus.

Für uns war es ein besonderer Abend, hatten wir doch dergleichen noch nie erlebt. Als schließlich alle der Meinung waren, der Grappa hätte nun die richtige Konsistenz, erklärte das Schnapsmännchen die Prozedur für beendet. Was von unserem Wein im Kessel übrig war, wurde weggeschüttet, der Kessel gereinigt, das Rohr demontiert und die Utensilien des Schnapsmännchens transportfähig gemacht, das heißt in große dunkle Decken gewickelt. Auch kam mir vor, dass sich das Schnapsmännchen zunächst draußen umsah, ob da auch niemand sei, der es beobachtete, als es mithilfe der Bauern seine Utensilien auf den kleinen Lastwagen packte.

Erst jetzt fiel mir auf, dass wir eigentlich recht spät mit der Schnapsbrennerei begonnen hatten – es war schon dunkel, als unser Wein abgeholt wurde. Und weshalb eigentlich musste der Wein in Smeraldos Haus gebrannt werden? Es hätte doch viel Mühe erspart, wäre der Wein gleich bei uns gebrannt worden! So stellte ich die entsprechenden Fragen und löste damit einige Verlegenheit aus. Dann rückte Smeraldo mit der Sprache heraus: „Ich dachte, Sie wüssten, dass das Schnapsbrennen verboten ist. Der Staat achtet auf sein Monopol!" Das war mir nicht in den Sinn gekommen, obwohl ich natürlich weiß, dass das Schnapsbrennen in fast allen Ländern verboten ist. Aber der Vorschlag Smeraldos, unseren Wein in Schnaps zu verwandeln, war von ihm so selbstverständlich vorgetragen worden, dass wir diesen Schluss nicht gezogen hatten. So hat Smeraldo also eine Gefahr auf sich genommen. Wäre unsere Schnapsbrennerei entdeckt worden, hätte es für ihn eine saftige Strafe geben können und vielleicht noch andere Konsequenzen.

Doch da schmunzelte Smeraldo: „Wissen Sie, uns kennen die Carabinieri, und wir kennen sie. Würden sie die Schnapsbrennerei bestrafen wollen, so hätten sie schon jeden von uns bestrafen müssen. Und schließlich wollen auch die Carabinieri hier in Frieden leben." Das war zu verstehen. Aber wie passten wir da hinein? Smeraldo etwas verschmitzt: „Mit Ihnen könnten es sich die Carabinieri erlauben, eine Weile in Feindschaft zu leben." Und dann setzte er, als bedürfe es noch dieser Betonung, hinzu: „Mit uns nicht."

Fahrzeugkontrolle

Chi perde a ragion non perde nulla.
Wer aus Vernunft verliert, verliert nichts.

Zufall oder nicht, aber unsere Erfahrungen mit den Carabinieri waren bislang fast immer gute, selbst dann, wenn sie sich anfangs durchaus so benahmen wie Polizisten in anderen Ländern auch. „Fahrzeugkontrolle" – alle kennen das. Fahrzeugkontrolle gibt es meist, wenn sich die Polizisten langweilen. Und wenn sie sich langweilen, sind sie meist schlechter Laune. So auch die beiden Carabinieri, die uns an den Straßenrand gewunken hatten. An diesem Morgen hatten wir, als wir aus unserem Gartentor hinausfuhren, einen unserer Seitenspiegel abgebrochen. Da es aber Sonntag war, konnten wir die Sache erst am folgenden Tag reparieren lassen. Die Carabinieri mussten daher nicht lange suchen, um uns ein Strafmandat aufbrummen zu können. Der Hinweis, wir hätten ja auch noch einen Rückspiegel im Wagen, nützte nichts. „Laut Gesetz haben Sie drei Spiegel zu haben, Sie haben aber nur zwei!" Also Zulassungsschein, Führerschein.

Während einer der beiden Carabinieri unsere Papiere kontrollierte, zückte der andere schon das Büchlein mit den Strafmandaten. „Das kostet Sie ... 30 Euro", meinte er trocken. Ich zeigte mich entsetzt. Schon setzte er den Kugelschreiber an, da stoppte ihn sein Kollege und fragte: „Was sind Sie eigentlich von Beruf?" – „Schriftsteller", sagten wir wie aus einem Mund. „Schriftsteller, sagen sie, hörst du?" – „Na und?" – „Da sind sie ja arme Schlucker!" Der erste Carabiniere meinte: „Sagen wir also zehn Euro." Sein Kollege erwiderte: „Zehn Euro oder nichts ist auch schon egal." Mitleidig gaben uns die beiden den Führerschein zurück und ließen uns fahren.

Warenkontrolle

La giustizia è fatta come il naso, che dove tu lo tiri viene.
Die Gerechtigkeit ist wie die Nase: Wohin du sie drehst, dorthin folgt sie dir.

Da Umzüge mit Möbelwagen kostspielig und schwer zu arrangieren waren, haben wir uns entschlossen, die paar Sachen mit dem Auto zu transportieren. Mein kleines Auto war so vollgepackt mit Hausrat, dass ich aus dem Rückfenster kaum hinaussehen konnte, was die Sache sehr prekär machte. Bei der Autobahnausfahrt war ich im Geiste schon zu Hause. Der harte Tag war zu Ende, und ich war erschöpft.

Gleich hinter der Mautschranke hielt mich ein Carabiniere auf.

„Haben Sie eine Erlaubnis, Waren zu transportieren?"

„Waren? Das sind doch keine Waren! Das ist eine kleine Übersiedlung, wissen Sie, und da haben wir eben alles in das Auto gestopft."

„Nein, nein, Signora, das sind Waren! Das sieht doch jeder Mensch!"

„Aber Signore", sagte ich, denn ich kenne die diversen Chargen bei den Carabinieri nicht, „ich zeige Ihnen alles." Damit stieg ich aus und öffnete den Kofferraum, was zur Folge hatte, dass mir ein Dutzend Gegenstände entgegenfielen.

„Sehen Sie", sagte ich und wies auf Töpfe und Bilderrahmen.

„Sehen Sie", sagte er und zeigte auf dieselben Bilderrahmen und Töpfe. „Das sind doch Waren!"

„Das sind keine Waren!", sagte ich.

Dieser Wortwechsel ging mehrere Male hin und her. Und ich kann mir gut vorstellen, was ein Polizist bei uns zu Hause in so einer Situation gemacht und gesagt hätte. „Wissen Sie, Signore, wir haben nicht genug Geld für eine Spedition. Da muss man eben alles selber machen." Dabei seufzte ich und sah ihn mit traurigen Augen an.

Plötzlich drehte sich der Carabiniere um. Er hatte einen anderen Verkehrssünder erblickt, an dessen Wagen eine der Lampen nicht zu funktionieren schien. Daraufhin ließ er mich prompt stehen und hielt den anderen Autofahrer auf. Mich würdigte er keines Blickes und begann ein eifriges Gespräch. Ich wagte es nicht, einfach wegzufahren, obwohl ich große Lust dazu hatte. Auf einmal, mitten in der Amtshandlung, die er gerade durchführte, drehte er sich nach mir um. Ich stand verloren am selben Platz wie zuvor. Da kam er auf mich zu und sagte kurz: „Mit Ihnen habe ich die Geduld verloren. Fahren Sie endlich weg und verstellen Sie nicht den Weg."

In der Toskana lässt sich niemand, der im Recht zu sein glaubt, einschüchtern – von niemandem, schon gar nicht von der Polizei.

Ein Philosoph in Uniform

Con le leggi si fa torto alle leggi.
Mit dem Gesetz betrügt man das Gesetz.

Zur Zeit des schrecklichen Erdbebens in Friaul musste ich einmal von Florenz mit dem Zug über Gorizia fahren, weil die Bahnlinie im Kanaltal zerstört war. Es war eine lange Fahrt, und sie wäre wahrscheinlich sehr langweilig gewesen, wäre da nicht ein höherer Polizeioffizier im selben Abteil gesessen. Es dauerte nicht lange, und er begann ein Gespräch, dessen Inhalt ich nicht vergessen werde, weil es mir über einige Dinge die Augen öffnete.

Er erzählte mir, dass er nach Gorizia abkommandiert sei, weil es dort nach dem Erdbeben zu Plünderungen gekommen wäre. Es war ihm nicht sehr wohl dabei zumute. Sozusagen gegen Leute vorgehen zu müssen, die unter normalen Umständen wahrscheinlich nicht Kriminelle geworden wären, schien ihm keine angenehme Sache.

„Plünderer", sagte er, „sind schreckliche Leute, und das Gesetz ist da sehr hart. Aber was macht man, wenn es Jugendliche sind? Wie verhält man sich da? Man kann auch nicht beweisen, dass sie von ihren Eltern angestiftet worden sind. Aber lassen wir dieses unangenehme Thema. Erzählen Sie mir doch, was Sie in Italien machen."

Ich sprach also von unserem Haus und den Dingen, die sich da abspielten. Er schien sich sehr zu freuen, dass ich gute Erfahrungen gemacht hatte.

„Wissen Sie", sagte er, „die Italiener sind nicht ganz so schlecht, wie man sie im Ausland oft macht. Letzten Endes sind sie auch nur Menschen wie alle anderen."

Ich musste lachen, denn das klang wie eine Entschuldigung für seine Landsleute. „Ich finde, dass die Italiener viel zu bescheiden sind. Wenn im Ausland die Situation in Italien oft so dargestellt wird, als wäre das totale Chaos ausgebrochen, und manche Leute es nicht mehr wagen, nach Italien auf Urlaub zu fahren, wenn man so tut, als gäbe es Terrorismus und Entführungen nur in Italien, das bringt mich, obwohl oder vielleicht sogar weil ich Ausländerin bin, manchmal schon in Wut."

Er nickte. „Ja", sagte er, „Sie haben recht. Die Auslandspresse lässt an uns wirklich kein gutes Haar, und es ist auch etwas Wahres daran, dass sich der Italiener schuldig fühlt. Er will ja das Chaos nicht. Das wollen nur einige wenige, und die Tatsache, dass es ihnen auch gelingt, ist ein Beweis, wie wenig Macht wir Carabinieri eigentlich haben! Die Anarchie trägt jeder in sich selbst. Aber die Leute wissen, dass der anarchistische Staat eine Katastrophe wäre. Jeder Italiener weiß, dass er eigentlich Disziplin braucht, sonst funktioniert nichts. Er sieht deshalb auch voller Bewunderung auf die Deutschen, die so viel davon haben. Ist Ihnen das schon aufgefallen?"

„Natürlich ist mir das aufgefallen", sagte ich, „aber nicht nur das. Sie machen auch ihre eigenen Produkte schlecht. Sie meinen, deutsche Maschinen und Geräte wären viel besser als die ihren, und überhaupt wären alle Ausländer ihnen überlegen."

„Vergessen Sie aber nicht", meinte der Carabiniere grinsend, „dass sie das zwar sagen, dass sie aber auf ihre ganz besondere Lebensweise nie verzichten würden, wenn sie auch dazu führt, dass die Dinge so sind, wie sie eben sind. Sie sind zum Beispiel nicht faul, wie viele meinen."

Ich gab ihm recht. Nein, faul waren sie wirklich nicht, das konnte ich aufgrund unserer Erfahrungen schon bestätigen.

„Nein, nein", sagte der Carabiniere, „es stimmt nicht ganz. Sie sind unter bestimmten Umständen doch faul. Die Artigiani, die Handwerker auf dem Land, das sind wahrscheinlich die fleißigsten Leute der Welt. Da ist jeder sein eigener Herr. Er bestimmt, wann gearbeitet wird und wann nicht. Und das heißt meist, dass er zu viel arbeitet. Die Artigiani sind es, die Italien heute am Leben erhalten."

Ich glaubte ihm sofort. „Ja, ich weiß aus eigener Erfahrung, was diese Leute können. In anderen Ländern müssen die kleinen Betriebe zusperren, und das Wissen um die Kunst des Handwerks versiegt."

„Wie recht Sie haben", sagte der Carabiniere. „Faul sind die Leute erst, wenn sie in großen Betrieben arbeiten und nichts zu reden haben. Wenn sie das Endprodukt nicht mehr kennen, an dem sie arbeiten, dann verlieren sie jedes Interesse und werden faul. Dann geht es ihnen wirklich nur mehr um das Geld und ihre Freizeit."

„Wie kommen Sie denn zurecht mit dieser Einstellung?", fragte ich. „Sie müssen es da doch schwer haben!"

„Eigentlich nicht", sagte er. „Wenn man die Mentalität der Leute versteht, dann weiß man auch, was zu tun ist. Natürlich hängt es von der lokalen Situation ab. Dort, wo ich jetzt hinfahre, kenne ich die Menschen überhaupt nicht. Ich bin deshalb auch etwas unsicher, wenn ich ehrlich bin. Ich komme aus Siena, und in der Toskana sind die Menschen ganz anders als zum Beispiel in Rom, Kalabrien oder Friaul. Ich würde lange brauchen, um mich in Kalabrien zurechtzufinden! In der Toskana weiß ich – so sind die Menschen und so muss man sie auch nehmen. Ich weiß, was ich ihnen zutrauen kann, auch in Extremfällen."

Es war mir klar, dass ich es hier nicht nur mit einem Polizisten, sondern auch mit einem Philosophen zu tun hatte, der seine Stellung mehr als eine Berufung ansah als einen Beruf.

„Ich bin viel auf Kongressen in Europa herumgekommen. Aber nur in England gibt es ein ähnliches Verhältnis zwischen Polizei und Bevölkerung wie in Italien. Dort könnte ich auch arbeiten."

„Und in Österreich oder Deutschland?"

„Also, ich will Ihnen da nicht nahetreten, aber ich muss es ehrlich sagen, weder in Deutschland noch in Österreich oder der Schweiz käme ich zurecht. Darf ich ganz aufrichtig sein?"

„Aber natürlich", sagte ich.

Er druckste ein wenig herum. „Sagen wir so: Das Wichtigste für die Polizei in Ihren Breitengraden ist das Gesetz. Auch wenn das Gesetz manchmal unrecht hat – sagen wir vielleicht besser, es ist in seinem vollen Wortlaut nicht anwendbar, dann wird es nördlich der Alpen trotzdem in Anwendung gebracht, während das in Italien unmöglich wäre."

„Wozu aber ist das Gesetz dann da?", fragte ich. Und er antwortete lakonisch: „Um gebrochen zu werden", fügte jedoch hinzu, dass das Brechen der Gesetze eigenen Regeln folge und der Ausländer vielleicht nicht bemerke, dass letzten Endes dann doch eine Art Ordnung dabei herauskomme.

Es trat eine Pause ein. Plötzlich sagte der Carabiniere: „Haben Sie mit den Carabinieri in Ihrer Gegend Schwierigkeiten?"

Ich verneinte. Dann aber erzählte ich ihm die Sache mit den Jägern, und er lachte.

„Wissen Sie", sagte er, „der Mann ist eben ein Realist, und das ist das wichtigste Merkmal der italienischen Carabinieri. Sie sind Realisten und wissen, was man als Gesetzeshüter vertreten kann, vor sich selbst und vor den Vorgesetzten. Die Politiker machen die Gesetze, aber die Carabinieri müssen sie den Leuten erklären und sie durchsetzen."

Er seufzte. Mitunter war das schwer, denn gerade in der Toskana ging man erst zur Polizei, wenn das Feuer schon auf dem Dach war. Oft war es dann zu spät.

Was er aber in Deutschland und Österreich gesehen habe, wäre in Italien einfach unmöglich.

Ich fragte, was das denn sei.

„In Ihren geografischen Breiten" – so gewählt drückte er sich aus, um nicht zu sagen, bei euch Teutonen, nehme ich an – „werden die Polizisten wirklich böse auf die Leute, wenn die etwas anstellen, sie schimpfen mit ihnen und belehren sie. Das habe ich mehrmals gesehen. Ich habe es aber nicht verstanden. Können Sie mir das erklären?"

Ich dachte nach. „Ich glaube, dass das vielleicht aus unseren strengeren Schulen kommt, wo der Lehrer straft, wenn der Schüler sich schlecht benimmt. Das lernt das Kind bald, und wenn es erwachsen ist, dann haben doch vermutlich manche den Wunsch, auch zu strafen. Vielleicht sind die Schulen in Italien nicht so auf dem Prinzip der Strafe aufgebaut, sondern mehr auf dem Prinzip der Belohnung."

Er wurde nachdenklich, dann sagte er: „Vielleicht aber sind die strengen Schulen doch notwendig, denn bei uns wird die Erziehung zu lax genommen. Sagen wir, es werden vielleicht bessere Bürger, aber schlechtere Schüler, die aus den Schulen kommen. Was ist vorzuziehen?"

„Vielleicht gibt es ein Mittelding", meinte ich, „denn die ganz freie, zwanglose Schule hat sich auch nicht gerade bewährt."

„Ich glaube", sagte er, „jedes Volk muss sich mühsam zum besten System durchringen, sei es das Schulsystem oder das Regierungssystem. Wann es dieses System dann auch erreicht und wie viele gesellschaftliche und soziale Krisen es vorher durchmachen muss, wer weiß das? Sicher aber bin ich, dass es für alle Völker nicht ein und dasselbe System sein kann."

Da hatte er vermutlich recht, aber jetzt wollte ich etwas von ihm erfahren. „Was denken denn die Toskaner über uns Ausländer? Es gelingt mir einfach nicht, das herauszufinden."

„Nun, dazu würde ich gleich sagen, dass das allein schon ein gutes Zeichen ist! Wenn die Meinung Ihrer Nachbarn und italienischen Freunde nämlich negativ wäre, dann, glauben Sie mir, hätten Sie das schon zu spüren bekommen."

„Meinen Sie?", fragte ich etwas zweifelnd. Aber ich fühlte, dass er wahrscheinlich recht hatte.

„Die Toskaner sind schrecklich, wenn sie jemanden hassen! Man kann sie durch nichts in der Welt von ihrem Hass abbringen, auch wenn sie längst eingesehen haben, dass sie im Unrecht sind."

„Darüber habe ich gerade etwas gelesen", sagte ich voller Stolz darauf, dass ich es endlich so weit gebracht hatte, italienische Bücher zu lesen.

„Und zwar?"

„‚Maledetti Toscani' von Curzio Malaparte", sagte ich etwas verlegen, denn schließlich heißt das ja „Die verfluchten Toskaner".

Er lachte und sagte: „Das ist ein blendendes Buch, jedes Wort darin ist wahr! Es ist eben von einem geschrieben, der es aus erster Hand weiß!"

Damit waren wir in Gorizia angekommen, und der Polizeioffizier musste sich verabschieden. „Mein Name ist Maurizio Malfatti. Wenn Sie einmal in die Via Colonna Nr. 3 in Siena kommen sollten, dann müssen Sie meine Mutter besuchen. Sie ist eine lustige alte Dame, die sich über jeden freut, der sie besuchen kommt. Aber besonders über jeden, der ihren Sohn kennengelernt hat." Er lachte ein wenig verlegen und fügte hinzu: „So sind die Mütter eben. Bei uns sind sie so …"

Nationalität San Lorenzo

Quando Siena piange, Firenze ride (e viceversa).
Wenn Siena weint, lacht Florenz (und umgekehrt).

Es war bereits später Abend, praktisch Nacht, da ging von den Hügeln ringsum ein Hupkonzert los, als würden die Hupen sämtlicher Autos der Umgebung gleichzeitig betätigt werden. Und ungefähr so war es auch. Bald darauf hörte man Trompeten, dazwischen immer wieder Rufe und sogar Sprechchöre im Stakkato. Die waren zunächst nicht gut zu verstehen, aber dann klang es ganz deutlich „Italia!", „Italia!", „Italia!". Ganz Italien stand Kopf: Die italienische Fußballnationalmannschaft hatte im Weltcup gewonnen. In der Nacht gab es noch improvisierte Feuerwerke, und am nächsten Morgen ging es erst richtig los. Demonstrationszüge in fast allen Städten, Menschen, die wie Trauben an den Autos hingen und Fahnen schwangen, die italienische Trikolore rot-weiß-grün, Freudenumzüge, polizeilich nicht gemeldet. Aber die Polizisten bahnten ihnen den Weg, sperrten den übrigen Verkehr, auch sie waren auf der Seite der Demonstranten. Und immer wieder „Italia!". Eine Nation im Siegestaumel. Wer es sah und hörte, konnte daraus nur einen Schluss ziehen: Nationalisten sind sie, diese Italiener, zumindest aber begeisterte Patrioten mit einem enormen Stolz auf das eigene Land.

Zu den Sehenswürdigkeiten unserer Umgebung gehört auch die Kirche in Benevento. Sie stammt aus dem 11. Jahrhundert. Es gibt in ihr zwar keine außerordentlichen Skulpturen, auch keine allzu wertvollen Bilder, sie war als Dorfkirche erbaut worden, aber dafür ist sie ein Baudenkmal von erstaunenswerter architektonischer Struktur. Der Pfarrer freut sich, wenn man seine Kirche besucht. Und da wir das mit uns besuchenden Freunden immer wieder einmal tun, übernimmt er manchmal selbst gern die Führung, erklärt dieses und jenes und ist dankbar für jedes Wort der Anerkennung.

Einmal zeigte er uns, was wir bisher noch nicht gesehen hatten: das Taufregister der Kirche. Ein großes, in Leder gebundenes Buch, das aufgrund der vielen Jahre seiner Existenz schon einigermaßen mitgenommen aussah, denn es war mehr als 200 Jahre alt. An den Eintragungen erkannte man die Handschrift von vielen Pfarrern, die im Laufe dieser 200 Jahre hier ihr Amt ausgeübt hatten. Die Eintragungen selbst hielten sich zunächst auch nicht an irgendwelche Regeln. Die Namen der Väter und Mütter, der Taufpaten und Täuflinge waren immer wieder in einer anderen Reihenfolge geschrieben, ebenso die Geburtsdaten und die Adressen. Doch dann kam abrupt Ordnung in dieses Taufregister, irgendwann in den 1920er Jahren: Mussolini hatte den Staat organisiert und zentralisiert. Auch den Kirchen wurde nun offenbar vorgeschrieben, wie sie ihre Taufregister zu führen hatten. Die Pfarrer konnten die Reihenfolge der Namen und Daten nicht mehr frei wählen. Sie hatten praktisch einen Fragebogen auszufüllen. In diesem Fragebogen gab es auch etwas ganz Neues: die Rubrik „Nationalität". Auch sie war auszufüllen.

Nun kann man den Begriff „Nationalität" in zweierlei Hinsicht verstehen: Man kann italienischer Nationalität sein oder einer nicht italienischen Minderheit angehören, dann wäre man etwa slowenischer oder deutscher oder französischer Nationalität in Italien, gehörte also einer Minderheit an. Oder man ist italienischer Staatsbürger, und darum würde man die Frage „Nationalität" eben mit dem Wort „Italien" beantworten. Wäre man aber deutscher, österreichischer, britischer oder französischer Staatsbürger, hätte man eben das Land seiner Staatsbürgerschaft einzutragen.

Hier lag nun dieses Taufregister, und auf allen seinen Seiten seit den 1920er Jahren sprang nur das Wort „Nationalität" in die Augen. Und seit damals bis in die jüngsten Tage stand in dieser Rubrik als Antwort auf die Frage nach der Nationalität: „San Lorenzo".

Ich fragte den Pfarrer, wie dies zu verstehen sei. Er sah mich etwas verständnislos an und meinte dann: „Nun, San Lorenzo ist der Heilige unserer Stadt." Aber wieso steht sein Name für Nationalität? „Weil doch alle aus Benevento sind, die hier getauft werden, und San Lorenzo ist unser Heiliger, also haben wir die Nationalität ‚San Lorenzo'." Für den Pfarrer war dies das Selbstverständlichste auf der Welt. Und offenbar war dies auch für die Pfarrer vor ihm das Selbstverständlichste, was sonst sollte man unter Nationalität verstehen? Ich weiß nicht, ob dieses Taufregister je von irgendeiner Behörde eingesehen worden ist, aber wenn es der Fall gewesen sein sollte, so dürften selbst die Beamten in der faschistischen Zeit nichts daran gefunden haben, dass sich die Mitglieder der Pfarrgemeinde, und das waren wenigstens bis vor Kurzem fast alle Einwohner von Benevento, nur ihrem Stadtheiligen San Lorenzo in nationaler Loyalität verbunden fühlten.

Italien! „Sie hätten es nie einigen dürfen", diese Antwort hört man immer wieder in vielen Teilen Italiens. In kaum einem anderen Nationalstaat fühlen sich die Einwohner der historisch gewachsenen Regionen so sehr als etwas Selbstständiges, als etwas ganz anderes als die Bewohner aller anderen Regionen. Über viele dieser anderen Regionen haben sie auch nichts Gutes zu berichten. Mit dem Namen der Region teilen sie deren Einwohner auch gern gewisse Eigenschaften zu, die einen wären faul, die anderen hinterlistig, die dritten eigentlich lauter Tagediebe, die vierten würden sich auf Kosten aller anderen bereichern und so weiter und so fort. Italien als Ganzes kommt bei den meisten Italienern schlecht weg. Das beginnt bei den Klagen über die Regierung, über die Politiker insgesamt, wird noch heftiger, wenn es um die Verwaltung und um die Bürokratie geht, führt geradezu zu Zornausbrüchen, sobald von den Steuern die Rede ist, und immer wieder sind es diese oder jene, die das Land kaputt machen, die die Menschen schikanieren oder die nicht tun, was sie eigentlich tun sollten.

Das ist insgesamt nicht unbedingt eine ausschließlich italienische Eigenschaft, das eigene Land hart zu kritisieren, mit den Politikern, der Bürokratie und den Steuern unzufrieden zu sein, das kennen wir auch in Deutschland, in Österreich, in den USA. Mit einem entscheidenden Unterschied – solange wir es selbst tun, geht es ganz in Ordnung; stimmt uns aber ein Ausländer zu und hat er auch noch eigene Kritik hinzuzufügen, dann fühlt sich unsereiner selbst angegriffen. Amerikaner, Österreicher und Deutsche und vermutlich noch viele andere eilen da ihrem Vaterland rasch zu Hilfe.

Nicht so die Italiener. Sie erwarten Zustimmung zu ihrer eigenen Kritik und fühlen sich in ihr bestärkt, wenn Ausländer noch einiges hinzuzufügen haben. Da geht es erst richtig los, da wendet man sich an die Nachbarn, Bekannten und Freunde: „Da hört ihr es! Das weiß man über uns sogar im Ausland!" Diese sofort erfolgende Bestätigung vonseiten der Italiener selbst wird dann von ausländischen Gästen wieder als Bekräftigung der eigenen Meinung aufgenommen, und das heißt oft Bestätigung von Vorurteilen. Wir kennen diese Vorurteile aus vielen Berichten nördlicher Medien über Italien. Sie werden mit Lust Jahr für Jahr wiederholt und finden in dem verächtlichen Wort „Spaghetti" ihren konzentrierten Ausdruck.

Was dieses Verhältnis zwischen nördlichen Menschen und örtlichen Italienern betrifft, hatten wir ein Schlüsselerlebnis: Wir waren mit dem Auto im Apennin unterwegs. Die Tage zuvor hatte es sintflutartig geregnet. In dem Tal, durch das unsere Straße führte, hatte es einen Felssturz gegeben. Die großen Felsbrocken verlegten die Straße. Ein Trupp italienischer Straßenarbeiter war dabei, diese Felsen mit Spitzhacken zu zerlegen und die Trümmer wegzuschaufeln. Durch den Felssturz aufgehalten, standen etwa 30 Autos auf der Straße, gut die Hälfte gehörten deutschen Urlaubern. Diese waren ausgestiegen und standen im Halbkreis um die arbeitenden Italiener herum.

Die Italiener arbeiteten in stetem Rhythmus, wie dies versierte Straßenarbeiter überall tun, nicht langsam, aber auch nicht zu schnell, stand ihnen doch noch eine stundenlange Arbeit bevor. Die umstehenden Deutschen aber wurden ungeduldig. Das Arbeitstempo war ihnen zu langsam. Und bald gab es lautstarke Zurufe: „Dalli, dalli!", und unter hörbarer Zustimmung der übrigen Zuschauer die Feststellung: „Typisch italienisch!" Doch danach wurde es richtig komisch. Dem ersten Urlauber riss die Geduld. Er sprang vor, nahm dem nächsten italienischen Arbeiter die Spitzhacke aus der Hand und begann recht wild auf die Felsbrocken einzuschlagen: „So, verstehst du, so!" Der Italiener sah sich das zunächst erstaunt an, danach schien er ein wenig hilflos. Aber er brauchte sich nicht lange den Kopf zu zerbrechen, denn nun traten ein halbes Dutzend Urlauber hervor und jeder von ihnen nahm einem Italiener die Spitzhacke oder Schaufel aus der Hand. Und jetzt begannen sie alle mindestens doppelt so schnell wie die italienischen Straßenarbeiter auf die Felsen einzuhacken und die Brocken wegzuschaufeln.

Ein leises Lächeln zeigte sich in den Gesichtern der Italiener, dann wendeten sie sich ab, setzten sich auf den nächsten Felsbrocken, langten in die mitgebrachten Tragtaschen, holten ihre Panini heraus und auch eine Flasche Rotwein und nahmen in aller Ruhe ihr Mittagessen ein.

Die vorschnellen deutschen Urlauber aber hatten es nun mit der Kritik der anderen wartenden Urlauber zu tun: Denen ging es noch immer nicht schnell genug beziehungsweise wusste so mancher von ihnen, wie man es besser machen könnte und daher auch besser machen sollte. So manche Spitzhacke, so manche Schaufel wurde solcherart ungeduldig getauscht. „Typisch italienisch" sahen sich das die italienischen Straßenarbeiter in Ruhe schmunzelnd an.

Die nördlichen Nachbarn kommen dennoch immer wieder gerne nach Italien. Und es ist nicht nur das Meer, es sind nicht nur die schönen Landschaften, nicht nur die Kunstschätze und Baudenkmäler, das ist auch die Atmosphäre und das sind damit auch die Menschen.

Man wird freundlich aufgenommen und meist rasch und bestens bedient. Erstaunlicherweise funktionieren die Dinge meist besser als erwartet. Denn in Italien, da gibt es immer wieder Streiks, da stehen die Eisenbahnen, da heben die Flugzeuge nicht ab, da werden die Autos nicht betankt, da wird die Wirtschaft, so scheint es, rücksichtslos ruiniert und damit auch der Staat kaputt gemacht. Man kennt das ja aus Großbritannien, wo die Streiks zuerst die Schiffswerften, dann die Autowerke, danach die Textilfabriken und so weiter ruiniert haben mit Lohnansprüchen von zehn, fünfzehn und mehr Prozent und Arbeitskämpfen ohne Rücksicht auf Verluste. Bis Margaret Thatcher kam …

In Italien aber läuft es anders: Zwar stehen die Eisenbahnen tatsächlich so manches Mal, dafür bringt der Streik freie Durchfahrt an den Mautstellen der Autobahnen, die bleiben nämlich offen, es ist eben niemand da, der kassiert. Und an den Tankstellen wird sozusagen im Turnus gestreikt – entweder sind die Tankstellen in den Ortschaften bestreikt, jene an den Bundesstraßen aber nicht, oder umgekehrt. Allerdings muss man das wissen, wenn man mit seinem Auto weiterkommen will. Selten auch wird in Italien mit dem Ziel gestreikt, die Arbeitszeit zu verkürzen, und auch nicht allzu oft gilt der Streik einer Lohnforderung.

Die meisten Streiks sind politisch motiviert. Man streikt gegen gewisse Absichten in der Regierung, man streikt gegen Gesetzesvorlagen im Parlament, man demonstriert für politische Forderungen, die dann auch in Volksabstimmungen ihren Niederschlag finden, bei denen oft mehrere Reformvorschläge zur Debatte stehen.

Daraus ließe sich schließen, dass den Italienern oder doch den meisten von ihnen die Res Publica, das öffentliche Wohlergehen, sehr am Herzen läge. Das tut es auch. Aber die Res Publica ist, so jedenfalls schließen wir aus unserer eigenen Erfahrung, fast nie identisch mit der Republik, mit der Regierung, mit Italien als Staat. Seit dem Ende des Zweiten Weltkriegs hat Italien durchschnittlich pro Jahr eine neue Regierung gehabt. Jeder andere Staat wäre unter diesen Umständen schon zugrunde gegangen. In Italien aber hat der unentwegte Wechsel in den Regierungen dem Staatswesen oder gar der Wirtschaft, wenn überhaupt, nur selten geschadet – ebenso wenig wie das hinter der Unruhe vermutete Chaos. Die Wirtschaft befand sich in all diesen Jahren in einem fast stetigen Aufschwung, und als Italien mit seinem Bruttoinlandsprodukt Großbritannien überholte, wurde dies von den Italienern fast so heftig gefeiert wie der Sieg im Fußballweltcup.

Im scheinbaren Chaos liegen auch große Chancen, da werden im Nu sich auftuende wirtschaftliche Nischen besetzt, da wird der Wandel zu Reformen genützt, da sucht jeder für sich voranzukommen. Und die Regierungskrisen? Je länger sie dauern, so scheint es, desto besser, denn „da mischen sich die in Rom bei uns nicht ein, da sind sie mit sich selbst beschäftigt, da lassen sie uns in Ruhe". Nationalität: „San Lorenzo".

Zwei Mal in der Woche saust ein Düsenjäger in unerlaubtem Tiefflug über Benevento hinweg. Die Fensterscheiben klirren, das Geschirr auf den Tischen beginnt zu tanzen, die Menschen auf der Straße versuchen, dem rasenden Ungetüm mit den Blicken zu folgen. Aber keiner flucht. „Giovanni", sagen sie, und in dem Wort schwingt ein wenig Stolz mit. Giovanni – er ist einer der ihren. Er dient in der Luftwaffe. Er ist Pilot. Und er fliegt diesen Düsenjäger. Er ist auf dem Fliegerhorst Pisa stationiert. Und er kurbelt zwei Mal in der Woche seine Übungsflüge herunter. Und jedes Mal fliegt er unerlaubt tief über Benevento hinweg. Ein Gruß an seine Mutter. Aber längst schon auch ein Gruß an alle in Benevento. Die Luftwaffe ist dazu da, Italien zu verteidigen, das Vaterland. Aber daran denkt kaum einer in Benevento, wenn Giovanni über ihre Köpfe hinwegsaust. Er ist einer von ihnen, einer aus San Lorenzo.

Bonzo

Non dir quanto sai, non giudicar quanto vedi, e in pace viverai.
Nicht alles sagen, was du denkst, nie nach dem urteilen, was du
siehst, dann lebst du in Frieden.

Eines Tages war er da: mittelgroß, schwarz, kurzhaarig, kleine
geknickte Ohren, Beinchen, die in Pluderhosen aus schwarzwei-
ßem Fell steckten, spitze Schnauze und darüber dunkelgelbe Augen. Mit diesen Bernsteinaugen sah er uns an, als würde er uns
schon seit Jahren kennen: „Hier bin ich, sozusagen heimgekehrt,
dorthin, wo ich hingehöre, zu euch." Er war weder zutraulich
noch scheu, sprang weder an uns hoch, noch zeigte er die geringsten Anzeichen von Angst. Er war einfach da: „Da bin ich, da
bleibe ich, ich gehöre zu euch, ihr gehört zu mir."
   Dieser Selbstverständlichkeit widersprachen zwei Dinge:
das rote Lederband um seinen Hals und die sichtlich von Men-
schenhand kurz geschorenen Schwanzhaare. Denn bis auf eine
recht komisch wirkende schwarze Quaste am Rutenende war
dieser Schwanz kahl geschoren. – Also gehörst du nicht zu uns,
sondern zu jemandem, der dir das Halsband umgegürtet und
den Schwanz geschoren hat. Jemand, dem ein kahler Schwanz
mehr imponiert als ein buschiger. Aber die Bernsteinaugen sagten „Nein". Auch dann noch, als nach der ersten Freude über
den unerwarteten Besuch – und die solcherart erklärliche Bewir-
tung mit einem halben Steak – die Vernunft zurückkehrte und
auf absoluter Futtersperre bestand. „Also lasst ihr mich hun-
gern", sagten die Bernsteinaugen, „aber ich bleibe." Und der
kleine schwarze Hund lag am Morgen noch immer vor der Tür,
auch noch an diesem Abend und auch noch am nächsten Tag,

obwohl er nicht gefüttert wurde: „Geh doch heim, dort warten sie auf dich!"

Jemand musste ihn doch lieben, diesen kleinen, schwarzen Hund mit den geknickten Ohren und den dünnen Beinchen. Und jemand musste sich nach dem Blick aus den Bernsteinaugen gesehnt haben, gestern und heute. Uns drang dieser Blick jedenfalls tief ins Herz und ins Gewissen.

„Man kann ihn doch nicht verhungern lassen", sagte meine Frau und strebte entschlossen auf den Kühlschrank zu.

„Er darf nicht bleiben!", meinte ich und versuchte sie daran zu hindern, dem Hund die andere Hälfte des Tags zuvor zur Begrüßung servierten Steaks nachzureichen.

„Aber bleiben und vor unserer Tür verhungern, das geht auch nicht", schloss sie messerscharf.

„Also werde ich ihn verjagen!"

In den Augen meiner Frau spiegelte sich Entsetzen, Abscheu. In den Bernsteinaugen vor der Tür nur gelassene Verachtung, als ich mit dem Besen auf den Hund zuging: „Nach Hause mit dir!"

Der Kopf senkte sich auf die vorgestreckten Pfoten, die Bernsteinaugen schlossen sich: „Schlag nur zu, aber ich bleibe."

„Weg mit dir!" Und sanft klopfte ich mit dem Besenstiel an der sich ergeben bietenden Lende an. Prompt rollte sich das ganze schwarze Fellding auf den Rücken, streckte alle Viere von sich und ergab sich: „Bitte schön, schlag nur zu, hier ist mein weicher Bauch."

„So geht's nicht", sagte ich zu meiner Frau.

Aber die sah mich noch immer schockiert an: „Du würdest ... du hättest ... diesen armen kleinen Hund ..." Energisch langte sie nach dem halben Steak auf dem Tisch.

„Nichts da! Der Hund muss nach Hause! Der darf nicht bleiben! Was fangen wir denn mit ihm an, wir können ihn nicht mitnehmen, dazu ist eine Wohnung nicht geeignet, und wir sind zu viel unterwegs. Abgesehen davon, was soll ein Landhund in der Stadt! Außerdem gehört er jemandem!"

Natürlich, es bedurfte gar keiner anderen Ausreden, er gehörte jemandem. Behalten oder gar mitnehmen war einfach Diebstahl. Aber wenn schon meine Frau dies nur schwer einsah, wie brachte man den Hund dazu, dies zu begreifen? Also musste etwas Drastisches geschehen.

Dieses Drastische bot sich in der Gestalt unseres Katers Pusso an. Stets bereit, sich auch aktiv in das Geschehen im und rund um das Haus einzuschalten, hatte Pusso aus der gespannten Situation zwischen uns und dem Hund den richtigen Schluss gezogen: Es musste mir geholfen werden, meine Skrupel zu überwinden, einfach indem man den Beweis erbrachte, dass das Tier gar nicht so wehrlos war, wie wir alle glaubten. Ich war ja immer schon davon überzeugt, dass Kater Pusso höchst menschliche Eigenschaften besaß und man sich darauf verlassen konnte, dass ihm im Notfall jede Art menschlicher List einfallen würde, um seinen Vorteil zu wahren. Oder wie jetzt – um einen sich aus dem Nichts eingestellten Mitbewerber um die Gunst der Hausherren mit deren Hilfe wieder los zu werden.

Während ich ratlos dastand, den Besen in der Hand, den verzweifelten Blick mal auf den Hund, mal auf meine vorwurfsvolle Frau gerichtet, beschloss Pusso, die Sache in die eigenen Pfoten zu nehmen. Auf diesen Pfoten stolzierte er, gespreizt und langsam, wie es sonst gar nicht seine Art ist, über den Hof und haarscharf an der spitzen schwarzen Schnauze unter den Bernsteinaugen vorbei. Mehr brauchte diese Schnauze nicht. Ein Zwischending von aufheulendem Bellen und bellendem Geheul entkam dieser Schnauze, dann schnellte der Hund hoch und – da er doch noch auf dem Rücken lag – nicht mithilfe der Beine, sondern, so schien es mir, mithilfe der Haut des gesamten Rückenfells, das sich auf bewundernswerte Art blitzschnell zusammenzog, den Körper samt Rückgrat zu einem Bogen spannte und solcherart vom Boden hochschnellen ließ. Dann aber landete er auf den Pfoten, und seine dünnen Beine schossen aus ihren schwarzweißen Pumphosen heraus wie das Gestänge aus einer Dampflokomotive. Während Pusso natürlich mit nichts anderem gerechnet hatte und sich mit schlauem Sprung auf einem Baum in Sicherheit brachte, lieferte mir die Verwandlung der sanften Bernsteinaugen in gierige Wolfslichter endlich die Ausrede, dem Hund klarzumachen, dass er hier nicht sein könne.

Fast so schnell, wie er mit fletschenden Zähnen der Katze nachhetzte, langte ich eine Handvoll des im Hofe locker liegenden Schotters und warf ihn wie Schrot aus einer Flinte dem jagenden Hund nach. Einige Steinchen trafen ihn, er hielt mitten im Sprung inne. Obwohl ihm die Steinchen bestimmt nicht wehgetan haben konnten, stieß er einen lang gezogenen Klagelaut aus, klemmte den Schwanz zwischen die Hinterbeine, steckte die schwarze Quaste unter den Bauch und lief beleidigt davon.

„Endlich", tröstete ich mich und versuchte dem vernichtenden Blick meiner Frau auszuweichen. Und so kaltschnäuzig wie nur möglich ergänzte ich: „Den sind wir los."

Danach wurde zwischen uns beiden lange nichts gesprochen.

Nicht weit hinter dem Holzschuppen steht ein alter Kirschbaum. Eine Pracht an weißen Blüten im Frühjahr, trägt er schon im Juni große Herzkirschen. Und wie überall in südlich warmen Ländern, setzt auch hier, wo Nahrung ist, die harte Konkurrenz ein: Nicht nur Würmer, Vögel und Menschen kämpfen um den Besitz der süßen Früchte, sondern auch Wespen und furchterregend große Hornissen. Als Anflugschneise benützen sie die hindernislose Terrasse vor dem Haus, überqueren im Tiefflug den Hof und ziehen über die Oliventerrassen hinauf zum Kirschbaum. Ich glaube, Hornissen haben keine Feinde, außer vielleicht die Menschen, die je nach Einschätzung der eigenen Interessenlage jedes Lebewesens Feind sein können (und sind).

Selbst unsere sonst so jagdbegierige Katze würde es nicht wagen, einer vorbeischwirrenden Hornisse nachzustellen. Hunde weichen ihnen im großen Bogen aus. Aber irgendwo hinter dem hohen Gras auf den Oliventerrassen musste eine zutiefst gekränkte Hundeseele zu dem Schluss gekommen sein, dass es besser wäre zu sterben, als von dem Platz gejagt zu werden, den man – aus welchen für uns unerfindlichen Gründen auch immer – als den einzig lebenswerten gefunden zu haben glaubte.

Nein, so wird uns später der Tierarzt sagen, Tiere begehen keinen Selbstmord. Selbst die Lemminge tun das nicht, denn wenn sie von Norwegens Felsenküste ins Meer springen, glauben sie noch immer – wie vor Hunderttausenden Jahren ihre Vorfahren –, die Küste Schottlands schwimmend erreichen zu können. Aber wenn es nicht die Selbstmordabsicht eines gekränkten Hundes war, die ihn nach der nächsten vorbeisurrenden Hornisse schnappen ließ, was denn sonst hieß ihn, seine angeborene Vorsicht, ja Angst, vor dem stets stechbereiten Insekt zu überwinden? Viel später kamen wir zu dem Schluss, dass sich das Hirn über den Bernsteinaugen die Sache genau so ausgedacht haben musste, wie sie dann auch kam.

Und sie kam so: Der Hund schnappte, die Hornisse stach, und zwar kräftig in den Hundehals. Der Hund jedoch gab keinen Laut von sich, wartete, bis der Hals anschwoll, so dick, als wäre er eine Fortsetzung des Bauches, schleppte sich vor die Tür unseres Hauses und streckte röchelnd alle vier Beine von sich. So. Da war er wieder. Und diesmal nicht zu verjagen. Im Gegenteil, da war rasche Hilfe geboten.

Also wurde er ins Auto gebettet und zum Tierarzt gefahren. Die Bernsteinaugen blieben während der Fahrt geschlossen, dafür aber wurden alle anderen Öffnungen des Körpers weit aufgemacht. Damit hatte er, ohne dass wir das schon wussten, auch ein für alle Mal das Auto für sich in Besitz genommen, denn nachdrücklicher hat noch kein Hund seine Duftmarken als Zeichen der Besitzergreifung in ein Auto gesetzt.

Von eigenen Säften triefend wurde er schließlich von meiner Frau aus dem Wagen gehoben und in das Haus des Tierarztes getragen. Im Wartezimmer des Arztes erregten die beiden erhebliches Aufsehen beziehungsweise Aufriechen. Während die wartenden Vierbeiner, durchwegs noble Tiere gehobener Rassen, trotz ihres ihnen von den Menschen angezüchteten Adels großes schnüffelndes Interesse zeigten, rümpften ihre Besitzer die Nasen und waren sofort einverstanden, dass das stinkende, wie tot in den Armen meiner Frau liegende schwarze Knäuel unverzüglich zur Behandlung vorgezogen und solcherart aus dem Wartezimmer entfernt werde.

Der Tierarzt hat den Hund dann gerettet. Meine Frau trug ihn nach Hause, reinigte ihn mit zahllosen Wattebauschen und legte ihn in ein sauberes Bett. Der Hund hatte endlich, was er wollte: Er war zu Hause.

Aber ich gab nicht auf. Ging's nicht auf direktem Weg, so sollte es wenigstens auf dem legalen gehen. Ich fuhr zu den Carabinieri und erstattete eine Fundanzeige.

„Das wollen Sie allen Ernstes tun?", fragte mich der diensthabende Carabiniere und warf einen leicht verzweifelten Blick auf die Schreibmaschine, die er nach meiner energischen Bejahung seufzend mit seinen beiden Zeigefingern in Bewegung setzte: „Schwarzer Hund mit weißen Flecken auf der Brust, spitzer Schnauze, geknickten Dreiecksohren, längerem, zurzeit jedoch geschorenem Schwanz und gelben Augen gefunden." Das Wort „gefunden" wurde dann sorgfältig wieder entfernt und durch „zugelaufen" ersetzt.

„Er ist Ihnen doch zugelaufen, nicht?"

„Und wie!"

„Nicht wie", meinte der Diensthabende mit gut gespielter Amtsmiene, „wo, müssen Sie uns sagen."

So entstand ein umfangreiches Protokoll. Der Hund ohne – zumindest uns bekanntem – Namen war damit amtsbekannt geworden. Denn was immer das Gesetz auch vorschreiben mag, vermutlich schreibt es auch in Italien vor, dass jeder Hund registriert und mit Hundemarke versehen werden muss, auf dem Lande ziert auch dieses Gesetz nur die Aktenschränke der Carabinieri. Als der Diensthabende das mühsam getippte Protokoll mit der Fundanzeige in die unterste Lade seines Schreibtisches legen wollte, wusste ich, dass ich wieder einmal einen schweren Fehler im Umgang mit den toskanischen Menschen gemacht hatte.

„Entschuldigen Sie", sagte ich, „ich wollte Sie mit der Anzeige nicht belästigen. Ich dachte nur, dass ich das machen müsste."

Der Diensthabende sah mich lange an. „Und?", meinte er schließlich.

„Ja, wissen Sie, es geht mir wirklich darum, den Besitzer dieses Hundes ausfindig zu machen."

„So", meinte der Diensthabende.

Dieses „So" in diesem Ton ließ mich endgültig erkennen, wie falsch der Weg war, den ich da eingeschlagen hatte. Anzeige! Welch ein Blödsinn! Jetzt endlich fielen mir die einzig angebrachten Worte ein: „Bitte, können Sie uns helfen …"

Der Diensthabende nahm seine Uniformkappe ab, die bisher streng auf seinem Kopf gesessen hatte, legte ein Bein über das Knie und blickte mich mit Interesse an.

„Nun, wie sieht denn der Hund aus?", fragte er so, als ob er die Beschreibung, wie ich sie eben gerade erst in die Maschine diktiert hatte, nie zuvor gehört hätte.

„Schwarz, sagen Sie, mit weißen Flecken auf der Brust und an den Pfoten?" Und er lachte laut auf, als ich ihm den Schwanz beschrieb, den geschorenen, mit der Quaste am Ende. Lang und breit wollte er auch die Geschichte vom Hornissenstich und vom Transport zum Tierarzt, vom triefenden Hundeknäuel in den Armen meiner Frau im Wartezimmer mit den stinkfeinen Hunden hören. Als ich damit fertig war, holte er seine Kollegen aus dem benachbarten Wachzimmer herein: „Habt ihr so etwas schon gehört, ein Hund, der sich von einer Hornisse stechen lässt, nur um zu bleiben, wo er zugelaufen ist."

„Ich weiß ja nicht, ob das so war", lenkte ich ein.

„Nein, nein, das war schon so, ganz gewiss so", meinten auch die anderen Carabinieri.

Fast, so fällt mir heute im Nachhinein auf, fast ein wenig zu sicher, dass dem so und nicht anders gewesen sein könnte. Jedenfalls wanderte das Protokoll mit der Fundanzeige doch in die unterste Schreibtischlade, aber auf die Schreibtischplatte blieben die Ellenbogen von vier Carabinieri gestützt, die mir noch eine Frage um die andere stellten, mit so viel Interesse, als handle es sich nicht um einen zugelaufenen Hund, sondern um einen entlaufenen Verbrecher.

„Also, das werden wir gleich haben", meinten sie schließlich. „Wir finden den Besitzer schon, verlassen Sie sich darauf."

Zuversichtlich verließ ich den Posten. Wir würden in wenigen Tagen die Heimreise antreten können, ohne Sorge um den kleinen schwarzen Hund. Aber sicher ist sicher. Das Interesse der Carabinieri hatte mir den richtigen Weg gezeigt: Jetzt ging ich auch zu unseren Nachbarbauern und bat sie, nach dem Hundebesitzer zu suchen. Schließlich wanderte ich noch ins Dorf hinauf, um den Pfarrer und den Bürgermeister mit unserer Hundegeschichte heimzusuchen. Überall bekam ich die Zusage, man würde sich gerne an der Suche nach dem Hundebesitzer beteiligen.

Der Bernsteinhund kam unter den pflegenden Händen meiner Frau rasch wieder auf die dünnen Beine, und dazu war es auch höchste Zeit, denn der Tag unserer Abreise war gekommen. Aber das zuversichtliche Versprechen aller, den Hundebesitzer im Handumdrehen ausfindig zu machen, hatte sich nicht erfüllt. Ich machte nochmals die Runde: ging zu den Bauern, zu den Carabinieri, zum Pfarrer und zum Bürgermeister. Aber sie alle schüttelten nur stumm die Köpfe, ja es schien mir, als würden sie sich sogar etwas schämen, sodass ich glaubte, sie trösten zu müssen: Weiß Gott, wahrscheinlich sei der Hund von sehr weit her gekommen.

Ja, so musste es wohl auch sein, sonst wäre er doch sicherlich schon längst von allein nach Hause gelaufen. Mein Trost schien kein Trost zu sein, denn die sonst so diskussionsfreudigen Nachbarn blickten nur stumm zu Boden und sagten nichts. Der Pfarrer begann sogar abrupt von etwas ganz anderem zu reden. Er erzählte mir die Geschichte vom Glockenturm seiner Kirche, die er uns doch erst vor wenigen Tagen erzählt hatte, als er uns um eine Spende für dessen Renovierung ersuchte. Der Hund schien ihn nicht mehr zu interessieren.

Mitnehmen konnten wir den Hund nicht, denn unsere Reise ging nach Großbritannien, und dort wurde jeder aus dem Ausland eintreffende Vierbeiner erst einmal sechs Monate lang in einen Zwinger unter Quarantäne gesteckt, ehe er einreisen durfte. So lasteten wir die Entscheidung über das Schicksal des Hundes unserer unbegrenzt belastbaren Pordina auf. Sie möge den von uns nun ausgesperrten Hund zwei Tage lang nicht füttern, worauf er – des Fressens und auch unserer Sympathie verlustig – wohl doch einsehen würde, dass es für ihn besser sei, den Weg nach Hause zu finden. Sollte er dies aber nicht tun, dann möge ihn Pordina zu sich nehmen, ihn anständig füttern und wenn möglich vor der Eifersucht ihres eigenen Hundes schützen. Für diesen hoffentlich nicht eintretenden Fall aber müsste der Hund wohl einen Namen erhalten, und da ihm dieser ja bliebe, wenn wir zurückkehrten und der Hund wieder bei uns wäre, sei es besser, diesen Namen jetzt noch zu finden. In Erinnerung an eine beliebte Radiosendung meiner Kindheit, in der ein Hund vorkam, den man schließlich als Zelluloidhündchen in allen Spielzeughandlungen kaufen konnte, schlug ich nostalgisch dessen Namen vor: Bonzo sollte er heißen, falls er – wider Erwarten – doch bei uns bliebe.

Pordina akzeptierte den Namen, ohne mit der Wimper zu zucken: „Bonzo", sagte sie energisch, „Bonzo soll er heißen." Sie hätte ebenso gut „wird er heißen" sagen können, denn natürlich blieb er bei uns und wartete schon auf uns, als wir Wochen später wiederkamen, sah uns mit seinen Bernsteinaugen vorwurfsvoll an, wedelte aber leicht mit dem Schweif. Der war inzwischen wieder zu einem vollen, kräftigen Busch herangewachsen, die komische Quaste war verschwunden.

Bonzo blieb bei uns. Oder besser: bei uns, wenn wir da waren, zog aber ohne Knurren zu Pordina, wenn wir gingen. Wir lernten viel von ihm über das soziale Verhalten von Hunden, wenn man ihnen ihren eigenen Willen lässt, über das Hundeleben in der Toskana, ja über das Leben überhaupt. Bonzos persönliche Geschichte aber ist damit nicht zu Ende.

Etwa ein Jahr nach Bonzos Auftauchen vor der Tür unseres Hauses gab es bei uns Weinlese, und wie es hierzulande üblich ist, eilten dazu alle Nachbarn herbei, denn, ist auch sonst jeder zu jeder Zeit gern gesehen, vor der Weinlese heißt es durchaus eigennützig: „Jede Schere ist willkommen." Mit den eigenen Scheren kommen die Bauern, ihre Frauen, die Kinder und selbst die Großmütter, um mitzuhelfen.

Die Lese muss in einem Tag vollbracht sein, wer weiß, ob es am nächsten Tag nicht regnet, und nichts wäre so schlimm wie eine halb verregnete Ernte. So werden die schweren, mächtigen Trauben geschnitten, in die Körbe gelegt, diese zu den Butten getragen, die Butten mit dem Traktor zur Presse in den Weinkeller gebracht. Der ist zwar bei uns groß, aber nicht mit den modernsten Maschinen ausgerüstet. Der Wein wird noch immer mit dem Holzquirl (einem dünnen Baumstamm, dem man einen Kranz von Aststummeln gelassen hat) in den Butten zerstampft, dann in die Presse geschüttet und diese von Hand betätigt. Da sind wir allerdings schon ein bisschen fortschrittlicher: Eine Hydraulik erlaubt es, den Druck in der Presse wesentlich zu steigern, ohne dass man sich dabei die Arme ausrenken muss. Daher ist an der Presse auch stets unser Freund und Nachbar Smeraldo zu finden, der zwar überall mit dabei ist, sich aber nicht unbedingt die schwerste Arbeit auszusuchen pflegt. Die anderen aber mühen sich an diesem Tag redlich ab und haben sich das Essen wahrlich verdient, mit dem die Hausfrau sie am Ende des Tages zu bewirten hat.

Es ist trotz der Mühe stets ein sehr vergnüglicher Tag, an dem die Weinernte eingebracht wird. Die Freude beim Anblick der prallen, reifen Trauben springt vom Auge ins Gemüt und von dort über den Kehlkopf auf die Zunge. Da wird geschnattert und gesungen, da ruft man einander von Weinterrasse zu Weinterrasse ermunternde Worte zu, und wenn man schließlich angenehm müde beim Essen sitzt und sich beim vorjährigen Wein daran erinnern lässt, wie's vor einem Jahr gewesen ist, kommen oft Geschichten auf, die bisher noch nicht erzählt worden sind.

So war es auch diesmal. Irgendjemand fing davon an: „Erinnert ihr euch, wie der Bonzo noch Zorro hieß?", sagte er und hielt betroffen inne. Auch ringsum war das muntere Gespräch schlagartig verstummt. Alle sahen uns an. Sahen, so schien es mir, mit schuldvollen Blicken auf uns. Wir wussten mit der Bemerkung gar nichts anzufangen. Das plötzliche betretene Schweigen war uns unverständlich. Ich lachte befangen: „Was war mit Bonzo?"

Riciardetto, der das meiste Selbstbewusstsein unter unseren bäuerlichen Nachbarn besaß, fuhr sich etwas verlegen über seine weißen Stoppelhaare. Nun, damals, als der Bonzo vor unserem Haus erschien und nicht mehr weggehen wollte, ob wir uns daran noch erinnerten? Na und ob, das war ja erst knapp ein Jahr her. Eben. Damals ... Ja, was war denn damals? Damals hätten wir doch nach dem Besitzer des Hundes gesucht, nicht wahr? Ja, und wie! Ja, und wir wären zu den Carabinieri gegangen, ja, und zu den Bauern und zum Pfarrer und zum Bürgermeister, und hätten alle gebeten, den Besitzer des Hundes ausfindig zu machen.

Ja, genau so war es. Und sie alle hätten doch versprochen, uns dabei zu helfen. Nun ja, und sie sollten sich doch nicht grämen, dass sie uns nicht hatten helfen können.

„Doch, doch, sie mussten sich schon einige Vorwürfe machen", setzte Riciardetto fort. „Denn", und er zögerte, fuhr sich nochmals durch die Stoppelfrisur, aber dann sagte er, was er uns schon so lange hatte sagen wollen: „Denn wir wussten, wem der Hund gehörte." – „Wie bitte?" – „Ja, wir wussten es schon am Tag Ihrer Rundfrage. Alle wussten es. Wir, die Carabinieri, der

Pfarrer, der Bürgermeister, jedes Kind im Dorf." – „Ja, aber ..."
– „Ja, aber", nahm Riciardetto unsere Frage auf. „Wir wussten
auch, dass der Hund nicht mehr zu seinem Besitzer zurückgebracht werden konnte."

Weiter kam Riciardetto nicht. Jetzt auf einmal hatten alle
wieder ihre Sprache gefunden, und jeder wollte uns und den anderen nun im Detail erzählen, was bisher von niemandem erwähnt werden durfte, um das Geheimnis – wie es gerade geschehen war – nicht preiszugeben.

Also: Es war nicht schwer, Bonzos Besitzer zu finden, denn
alle Kinder im Dorf kannten den kleinen schwarzen Hund. Und
sie kannten auch seinen Namen: Zorro. So hieß der schwarz
maskierte Rächer des Wilden Westens. Und es war kein Zufall,
dass man dem Hund diesen Namen gegeben hatte. Denn so
harmlos er auch aussah, konnte er – und wer wusste das inzwischen nicht besser als wir selbst – einfach nichts in Ruhe lassen,
was sich vor seiner spitzen Schnauze bewegte. Er jagte Katzen,
wo sie sich ihm zeigten, wenn auch stets mit Misserfolg. Aber er
jagte auch Hühner, mit Erfolg. Und sein Herr besaß wie alle Bauern hier nun einmal eine große Hühnerschar. Trotz allen Schimp-
fens und schließlich auch Schlagens holte der Hund sich immer
wieder ein Huhn, jagte die Hühnerschar auseinander und wurde
schließlich von seinem Herrn selbst verjagt. In den Augen seines
Besitzers war Zorro eben Zorro, der Hof wurde zu einem Mini-
Wildwest.

An dem Tag, da Bonzo zu uns kam, war es geschehen: Nach
einer rauen, wilden Jagd hatte sich der Besitzer entschlossen,
dem Hund ein entsprechendes wildwestliches Ende zu bereiten.
Er holte das Jagdgewehr von der Wand, lud es, trat vor die Tür
und schoss auf Zorro, einmal und ein zweites Mal. Er verfehlte
ihn zwar, schwor ihm aber fluchend den Tod. Der Hund, man
würde es nicht glauben, erklärte Riciardetto unter starker Zustimmung aller Anwesenden, hatte verstanden. Er lief auf und
davon, und zwar schnurstracks zu unserem Haus, denn nirgends

sonst hatte man ihn an diesem Tag gesehen. Auch das verwunderte nun niemanden in der Runde: Hunde laufen hier öfter davon, wenn sie von ihren Besitzern schlecht behandelt werden. Sie tauchen dann vor Häusern auf, in denen es noch keinen Hund gibt. Sie sind Schlauköpfe, diese Hunde.

Die Bauern sprachen damals mit Zorros Besitzer, sagten ihm, dass der Hund aufgetaucht sei und er ihn zurücknehmen müsse. Wo, wollte der Besitzer nur wissen, sei er aufgetaucht, denn dorthin wolle er gehen und den Hund erschießen, ein für alle Mal, und davon werde er sich unter keinen Umständen mehr abbringen lassen. Die Bauern schickten ihm daraufhin die Carabinieri, aber auch sie blieben machtlos. Ja, mit einem Hund könne der Besitzer machen, was er wolle, solange es keine Quälerei sei. Gequält aber hatte nicht er den Hund, sondern der Hund ihn. Es sei ja schließlich keine Kleinigkeit für einen keineswegs wohlhabenden Bauern, jede Woche ein Huhn zu verlieren und manchmal sogar zwei. Darauf stehe jetzt der Tod, und damit basta!

Zu guter Letzt versuchte es auch noch der Pfarrer, aber er richtete ebenso wenig aus wie die Carabinieri, musste sich aber anhören, dass die Kirche sich, wie man sehe, immer noch in Dinge einmische, die sie ganz und gar nichts angingen, und er, der Bauer, immer schon gewusst habe, warum er aufgehört hätte, am Sonntag in die Kirche zu gehen. Jetzt werde er den Hund erst recht erschießen, das sei er nun seinem Stolz schuldig, denn wenn nichts anderes, dann möchte er schon gar kein Pfaffenknecht sein. Der Pfarrer berichtete dies dem Bürgermeister. Aufgefordert, es doch als solcher mit einem Machtwort zu versuchen, berief dieser stattdessen eine „Reunione" ein, eine Versammlung aller, die bisher mit der Hundesache befasst waren. Die Reunione fand in der Hinterstube des einzigen Cafés auf dem Kirchplatz des Dorfes statt. Tische und Sessel reichten nicht aus.

Was sich damals in diesem Hinterzimmer abspielte, wurde nun sehr detailreich geschildert. Wer zu wem was sagte und weshalb, wie wer darauf reagierte und zu welchen Schlüssen man schließlich kam und warum. Die Debatte dauerte bis in die Morgenstunden: Sollte man den Hund zurückbringen oder nicht? Nein, denn das wäre sein sicherer Tod. Müsse man uns das alles sagen, oder was spreche dagegen? Wussten wir, wem der Hund gehört, würden wir ihn dorthin zurückbringen. Wir würden nicht glauben, dass der Hund des Todes sei. Wir würden dagegen glauben (für so arrogant hielt man uns also), dass wir beim Hundebesitzer mehr ausrichten könnten als alle Bauern, Carabinieri und der Pfarrer dazu. Wir würden sogar glauben, der Bürgermeister hätte das Machtwort nicht gewagt, weil er einen Wähler nicht habe verlieren wollen. Nach allem, was der Mann schon gegen den Pfarrer und die Kirche gesagt hatte, hätte ihm Ähnliches oder noch Ärgeres bezüglich der Kommunistischen Partei einfallen können.

Darum beschloss man schweren Herzens, uns nichts zu sagen. Auf diese Weise würde uns der Hund bleiben. Konnte man das verantworten? Sozusagen durch Verschweigen uns dazu zu zwingen, den Hund anzunehmen? Das machte ihnen mehr Kopfzerbrechen als alle anderen vorher gestellten Fragen und gab ihnen schließlich auch das schlechte Gewissen, von dem sie sich nun durch diese „Massenbeichte" befreien wollten. Aber ein stockendes Wort nach dem anderen ergab damals nach Mitternacht in der Hinterstube des Cafés am Dorfplatz den schließlich gemeinsam verantworteten Beschluss:

Erstens, der Hund selbst hatte sich uns ausgesucht. Niemand hatte ihn vor die Tür gesetzt (wie etwa – was auch jeder wusste – den Kater Pusso). Dafür träfe also niemanden die Verantwortung.

Zweitens, wir hatten noch keinen Hund. Und ein Haus ohne Hund, das gäbe es hier nicht. Es sei denn, ein neu erbautes Haus mit einer neuen Familie oder ein Haus, aus dem ein Hund gerade erst vertrieben worden wäre; oder ein Haus, das ein Hund soeben aus guten Gründen selbst verlassen hätte; oder ein Haus, in dem der dazugehörige Hund gerade gestorben sei. Da nichts davon auf uns zutreffe, seien wir eigentlich verpflichtet, einen Hund aufzunehmen.

Drittens, obwohl wir keine Bauern wären, könnten wir uns, so wurde ohne weitere Debatte befunden, einen Hund zweifellos leisten. Wir hatten zwar keine eigene Wirtschaft, aber wer sein Essen im Supermarkt kaufen könne, werde auch noch in der Lage sein, für den Hund Spaghetti zu erstehen.

Blieb nur noch eine Frage offen: Was geschehe mit dem Hund, wenn wir, was doch die Regel sei, für einige Wochen wegblieben? Würden wir ihn mitnehmen? Was, wenn wir das nicht wollten oder nicht könnten? Würden wir dann gegen den Hund entscheiden? Ihn davonjagen oder, was viel schlimmer wäre, ins Hundeasyl bringen? Die uns kannten, hielten beides für ausgeschlossen. Aber was dann? Man müsse uns, so schloss man logisch, eben eine Möglichkeit geben, den Hund zu nehmen und doch dazulassen. Wie aber ließe sich das bewerkstelligen? An dieser heiklen Wegkreuzung bäuerlichen Denkens sprang Pordina ein: „Ich werde mich bereit erklären, den Hund zu betreuen."

Das, so führte Pordina aus, könne sie schon tun. Denn ein Hund, der nicht der ihre wäre, würde von ihrem eigenen Hund sicher toleriert, obwohl dieser sehr eifersüchtig sei. Sie würde ihm klarmachen, dass dadurch sein eigener Platz nicht gefährdet werde. Auch würden wir sicher für das Futter aufkommen, sodass sich keine zusätzlichen Belastungen des sparsam geführten Haushalts ergeben würden.

So hatten sie schließlich alles genau besprochen und beschlossen, als die Versammlung damals auseinanderging. Sie alle hatten sich schon voneinander verabschiedet, da rief sie der Kapo der Carabinieri noch einmal zurück: „Und was sagen wir ihnen?", konfrontierte er sie mit der für alle unangenehmen Frage. „Was sagen wir, wenn sie" – und gemeint waren wir – „fragen, ob wir den Besitzer nicht gefunden haben?" Er blickte in die Runde: „Sagst du dann Nein? Sag' ich Nein? Sagt der Pfarrer Nein?"

„Lasst den Unsinn!", rettete damals Riciardetto die Situation. „Weshalb haben wir alles so genau besprochen und wären zu so zwingenden Schlüssen gekommen, wenn wir nicht wüssten, dass das alles seinen guten Sinn hat. Wir sagen möglichst nichts. Gar nichts. Überhaupt nichts. Und wenn sie es später doch erfahren" – die „sie" sind noch immer wir –, „werden sie es schon verstehen."

Und wie wir verstanden.

Der Pfarrer

Nessuno si pentì mai d'aver taciuto.
Niemand hat noch bereut, was er nicht gesagt hat.

Verstehen Sie mich recht, ich will bei Gott nicht behaupten, dass alles hier Glanz und Gloria ist. Die Menschen in der Toskana sind genauso schlecht wie auch sonst überall – genauso gut auch. Dazwischen gibt es die vielen, die gar nichts sind – sie können sich nicht entscheiden – so oder so. Ich würde sagen, dass gerade diese Gruppe hier klein ist, denn in nördlichen Breiten entspringt diese Haltung der allgemeinen Furcht der Menschen voreinander.

Diese Furcht gibt es hier kaum. Feindschaft ist Feindschaft – sie ist offen, sie ist deklariert und wird nicht verzweifelt hinuntergeschluckt. Das Böse ist sehr offenbar in den Tälern des Apennins, das Gute eine Selbstverständlichkeit. Nicht einmal der Pfarrer nimmt davon Notiz. Die allzu Frommen sind ihm langweilig. Ihn lockt vor allem die Aufgabe, die Verstockten zu bekehren. Wie aber macht man das, wenn sie ihren „Pflichten" im Großen und Ganzen doch nachkommen? Es weigert sich ja keiner, in der Kirche zu heiraten oder seine Kinder zu taufen! Bei der Letzten Ölung verhält es sich meist anders, denn wenige sterben im Bett. Die meisten werden vom Tod bei der Arbeit überrascht. Sie meinen, dass das der beste Tod ist. Der Pfarrer kommt da meistens zu spät.

Was macht man aber, wenn man weiß, dass die Schäfchen allesamt Atheisten sind, sich dieser Tatsache jedoch nicht bewusst sind und sie das daher auch nicht offen bekennen können? Im Beichtstuhl ist schon lange kein Bauer gesessen. „Die

Kirchenwirtschaft ist eine Weiberwirtschaft", hat uns einer gesagt. „Die sollen schön brav für uns beten. Wir sitzen vis-à-vis in der Bar und warten, bis unsere Frauen aus der Kirche kommen. Man soll Gott nicht überstrapazieren. Wenn wir da drin sitzen, denken wir ja doch immer nur daran, wann wir zu pflügen anfangen sollen oder wie wir die Raten für den Traktor bezahlen werden. Was macht Gott oder der Pfarrer also mit uns? Beide wissen keinen Rat und sind uns noch nie zu Hilfe gekommen. Wir helfen uns selbst. Das ist gut so, und wir hegen keinen Groll gegen die Kirche. Sie ist ein notwendiges Übel, so wie die Regierung und die Polizei. Der Pfarrer hat Landwirtschaft studiert – sieh mal einer an! Und wozu? Er will doch nicht etwa UNS belehren!"

Der Pfarrer aber wollte das partout! Das war der Grund, warum er sämtliche landwirtschaftliche Tätigkeiten beherrschte. Er hatte auch ein bescheidenes Stückchen Land, das er eigenhändig bearbeitete. Er wollte den Bauern beweisen, dass ihr Leben ihm nicht fremd war, dass er ihre Mühe und Plage aus eigener Erfahrung kannte. Die Bauern sahen das mit großer Verwunderung, aber keineswegs mit Bewunderung: „Sieh mal einer an, der Pfarrer auf dem Traktor! Er hätte lieber rechtzeitig am Totenbett meiner Mutter sein sollen, denn die wollte nicht ohne Letzte Ölung ins Jenseits hinüber. Er macht es ja ganz sauber, aber, mein Gott, wie der seine Oliven schneidet! Das haben sie ihm sicher in der landwirtschaftlichen Schule beigebracht. Dort lernt man allerhand Unsinn. So kann man die Oliven vielleicht in der Ebene schneiden, aber nicht hier in unseren Hügeln!"

Der Pfarrer war aber der Ansicht, dass man das sehr wohl auch in den Hügeln machen konnte, und er wollte den Bauern beweisen, dass sie jahrhundertelang aus Olivenbäumen nur Besen gemacht hatten und dass die Ernte viel größer ausfallen würde, wenn sie die Bäume kleiner hielten.

Der Erste, dem er das erklären wollte, lachte ihn aus. Der Zweite war verärgert und meinte, der Pfarrer sollte sich um kirchliche Angelegenheiten kümmern, denn dazu wäre er da. Als der Pfarrer aber noch damit anfing, den Bauern klarzumachen, dass sie nie auf einen grünen Zweig kommen würden, wenn sie sich nicht zusammentäten und ihre Terrassenfelder zusammenlegten, kam es zu einem regelrechten Krach, und man erklärte ihm, der sich um der besseren Verständigung willen sogar in die Bar begeben hatte, dass landwirtschaftliche Reformen wahrhaftig nichts mit der Religion zu tun hätten und dass er sich ein für alle Mal aus diesen Dingen heraushalten solle. Danach ließ man ihn einfach allein bei seinem Glas Wein sitzen.

Das war ein Affront, und der Pfarrer klagte mir, als er zu Ostern seinen Segen in unser Haus bringen wollte, sein Leid. Ich gab zu, auch schon versucht zu haben, unsere Oliven kürzer schneiden zu lassen, aber ebenso ohne Erfolg. „Die Toskaner sind allesamt schreckliche Dickschädel", sagte der Pfarrer, der auch ein Toskaner war. Und deshalb eben gab er die Sache noch nicht auf. Er plagte sich teuflisch mit seinen Oliven herum. Er betete um eine gute Ernte, und obwohl der liebe Gott sich etwas Zeit ließ mit der Erfüllung seiner Gebete, so hatte der Pfarrer doch im dritten Jahr Erfolg. Die Oliven waren rund und prall und die Bäume übervoll.

Was sagten die Bauern, denen er das natürlich nicht vorenthielt? „Dafür wird er nächstes Jahr überhaupt keine haben! Und das Öl hat wahrscheinlich gar keinen Geschmack." Es gab auch noch andere Sprüche, die ich hier nicht wiederholen möchte.

Die Frauen waren auf der Seite des Pfarrers, denn von der Dickköpfigkeit der toskanischen Männer hatten auch sie einiges zu berichten. Aber es nützte nichts. Als nämlich die Oliven des Pfarrers im folgenden Jahr wieder herrlich waren, stieg der Verdacht auf, dass die Kirche wahrscheinlich den Pfarrer mit dem teuersten Düngemittel versehe, das sie, die armen Bauern, sich nicht leisten konnten. Vergeblich beteuerten der Pfarrer und seine weibliche Anhängerschar, dass er dieselben Düngemittel

verwende wie sie auch. Es hatte keinen Sinn. Die landwirtschaftliche Schule hätte sich die Kirche sparen können.

Der Pfarrer gab sein Grundstück auf. Zwei Jahre später
sahen die Oliven wieder aus wie vorher. Die Sache geriet in Vergessenheit, wofür der Pfarrer dankbar ist.

Die Hochzeit

I travestiti si conoscono al levar della maschera.
Die Maskierten erkennt man erst, wenn man ihnen die Maske nimmt.

Und da war diese Sache mit der Hochzeit. Die Tochter des Baumeisters heiratete. Es war ein großes Fest, und weit oben am Berg, wo viele Florentiner ihre Sommerhäuschen besitzen, hatte man in einem Restaurant ein großes Essen bestellt.

Sie waren ein hübsches Paar, und die Braut mit ihrem Schleier und mit Margeriten besticktem Kleid sah aus wie eine Märchenprinzessin. Die Kirche war zum Bersten voll. Am Eingang standen schon der Brautvater und seine Tochter, der Pfarrer war bereit, die Zeremonie zu beginnen, da drängte sich der Bürgermeister, Hut auf dem Kopf, energisch durch den Mittelgang herein, klopfte einem schon sitzenden Mann auf die Schulter und sagte: „Ubaldo, ich muss mit dir reden." Ubaldo, ein jüngerer, eher schüchterner Mann, sagte stotternd: „Jetzt gleich?" – „Ja, jetzt gleich, ich habe nachher zu tun."

Der Pfarrer wurde rot vor Zorn, aber er konnte nicht verhindern, dass der Bürgermeister mitten in der Kirche, ganz laut, für alle hörbar eine völlig banale und unnütze Konversation führte, die er genauso gut am nächsten Tag auch hätte führen können. Alles erstarrte. Der Pfarrer hustete ein paar Mal vergebens. Der Bürgermeister kostete die allgemeine Verlegenheit weidlich aus, dann, als er schon wirklich nichts mehr zu sagen hatte, drehte er sich abrupt um und ging mit steinerner Miene hinaus. Draußen hat er sich wahrscheinlich ins Fäustchen gelacht.

Jedenfalls konnte nun die Hochzeit beginnen. Don Camillo e Peppone, dachte ich, also gibt es die auch hier. Wer ist stärker: die Kirche oder die Partei?

Aber das ist schon einige Zeit her. Heute sitzt der Bürgermeister bei einer Hochzeit in der ersten Reihe, vor allem, wenn seine Tochter heiratet. Und er hat keinen Hut auf.

Die Straße

Il buon ufficiale vuol avere due cose: mano larga e bracchetta stretta.
Der gute Beamte braucht eine offene Hand und eine enge Börse.

Die Straße war eine der vielen Staubstraßen, die durch die Felder und Olivengärten führen. Einmal waren sie Maultierpfade gewesen, und einer von ihnen führte durch unseren Grund hinauf zu dem steinernen Dorf über uns.

Die Straße hatte schon tiefe Rillen von den Rädern der schweren Traktoren, und es wurde immer schwieriger, sie zu passieren. Etwas musste geschehen. Die Anrainer konnten sich nicht einigen, wer was als Anteil einer Reparatur zahlen sollte, und darum ließen wir zunächst die ärgsten Löcher mit Schotter auffüllen. Dass sich niemand an den Kosten beteiligen würde, nahmen wir wortlos an. Als zwei Jahre nach diesen provisorischen Ausbesserungsarbeiten der Schotter vom Regen wieder weggespült war, waren wir verzweifelt. Eines Tages aber, scheinbar ganz von selbst, ließ der Bürgermeister verlauten, dass die Gemeinde eine Verbesserung der Straße unterstützen würde, vorausgesetzt, alle Anrainer waren sich einig, dass die Straße saniert werden sollte und sie sich finanziell beteiligen wollten.

Ich kannte den Bürgermeister flüchtig von der Eröffnung der neuen Ölmühle und von seinem rüpelhaften Auftritt in der Kirche. Doch nun zeigte er sich von einer anderen Seite, höflich, effizient und tolerant. Er arrangierte die Zusammenkunft aller Anrainer, die auch prompt um neun Uhr abends in der Ölmühle stattfand, die oft auch kommunalen Versammlungen diente.

Zu meiner Überraschung stellte ich fest, dass ich die Hälfte aller Anrainer gar nicht kannte. Wo wohnten alle diese Menschen? Zweitens fiel mir auf, aber das verwunderte mich nicht allzu sehr, dass ich hier die einzige Frau war. Gemeindeangelegenheiten waren Männersache, und die Contessa, deren Haus an ein ganz kurzes Stückchen der Straße angrenzte, schickte Ricciardetto, ihren Verwalter. Ich war über die große Zahl der Anwesenden erstaunt, dachte mir aber, dass das ja nur gut sein konnte, denn je mehr Anrainer, desto weniger musste jeder Einzelne zahlen.

Der Bürgermeister war flankiert von seinem Sekretär und zwei Leuten einer Baufirma. Das waren lustige junge Burschen, die ununterbrochen Witze machten und sich köstlich amüsierten. Kein Wunder, dachte ich, denn sie konnten bei dieser Sache ja nur verdienen.

Als alle anwesend waren, gab es ein solches Stimmengewirr, dass der Bürgermeister den Schürhaken vom Kamin holte und ein paar Mal heftig auf den Tisch schlug, bevor Ruhe eintrat.

„Also", sagte er und räusperte sich mehrmals, „ich bin heute nicht in meiner Rolle als Bürgermeister hier, sondern mehr als eine Art Vermittler. Ich dachte mir, dass ich vielleicht beitragen könnte, eine Einigung unter den Anrainern der Straße herbeizuführen. Ich will auch gleich sagen, was die Kommune beitragen kann. Wir können die Firma beistellen, eine Firma, die für die Gemeinde viele Arbeiten durchführt, und wir können mit ihr einen akzeptablen Preis aushandeln. Schließlich bekommt sie von uns die größten Aufträge!" Dabei zwinkerte er listig und fuhr fort: „Etwas Erpressung kann nie schaden!"

Die Firmenleute lächelten etwas gequält, aber ich hatte den Eindruck, dass die Sache zwischen Bürgermeister und Baufirma längst ausgehandelt war.

„Natürlich", fuhr er fort, „wollen wir die Sache so billig wie möglich machen, und deshalb schlage ich vor, wir versuchen es ohne Mehrwertsteuer. Wer will schon Mehrwertsteuer zahlen?"

Ich verschluckte mich fast! Da war der Bürgermeister aber wirklich sehr inkognito hier, wenn er solche Sachen sagte! Bei uns gibt es vermutlich auch derartige Dinge, aber sie dürften doch nicht so offen ausgesprochen werden.

„Nun, wir als Gemeinde können nichts zahlen, denn die Straße ist keine kommunale Straße, aber immerhin, wir können sie, wenn sie einmal saniert ist, der Kommune einverleiben, gewissermaßen kommunal machen. Und das heißt, dass wir künftig für ihre Instandsetzung sorgen."

Mir war nicht klar, warum das nicht schon vorher geschehen war, aber ich hatte ja gar nicht gehofft, dass die Gemeinde irgendetwas unternehmen würde.

„Seid ihr euch alle einig, dass die Straße saniert werden soll?"

Alle nickten, bis auf einen, der aber auch nichts Gegenteiliges vorbrachte. Ich kannte ihn allerdings schon zur Genüge. Er war der Besitzer unseres Nachbargrundes, und sein Vetter führte ihm die Wirtschaft. Ein unangenehmer Geselle, ohne jeden Funken von Freundlichkeit, der uns schon einige Schwierigkeiten gemacht hatte.

Der Bürgermeister fuhr fort: „Jetzt geht es darum, wie viel die ganze Sache kosten soll und wie viel auf jeden Einzelnen von dieser Summe entfallen wird, besser gesagt, wie viel jeder zu zahlen bereit ist." Er sah sich in der Runde um. Jeder musterte jeden, und es entstand eine peinliche Stille.

Freiwillig sollten die Leute zahlen, dachte ich mir, das wird schwierig werden. Wäre es nicht besser, man würde das genau berechnen – je nach Anteil an der Länge der Straße?

„Ich bin gegen die Mathematik", sagte der Bürgermeister, als hätte er meine Gedanken gelesen, „sie ist unmenschlich. Mein Geometer rümpft jetzt die Nase", fügte er lachend hinzu, „denn seine ganze Weisheit kommt von der Mathematik. Aber ich glaube eben, es ist besser zu reden als zu rechnen."

Mit Ausnahme unseres unangenehmen Nachbarn hatten wir den längsten Anteil an der Gesamtstrecke der Straße.

Der Bürgermeister zog aus seiner Mappe ein paar Bogen Papier und präsentierte den Kostenvoranschlag der Baufirma: zwölf Millionen Lire. Ich grinste innerlich, ließ mir aber nicht anmerken, dass ich die Summe höher eingeschätzt hatte.

„Seid nun alle ehrlich mit euch selbst. Was könnt ihr beitragen?"

Und nun begann, so unglaublich es auch scheinen mag, ein lauter Wettbewerb, der einer Lizitation bei einer Versteigerung ähnlich war. Diejenigen der Anrainer, die ich kannte, nannten Summen, die ich ihnen nie zugetraut hätte. Sie waren förmlich von Stolz und Ehrgeiz besessen, nicht als knauserig dazustehen. Der Sekretär des Bürgermeisters schrieb, strich aus, schrieb wieder und strich wieder aus, bis endlich alle ihre Beiträge genannt und fixiert hatten. Dazwischen rief der Bürgermeister immer wieder ermunternd: „Mehr, ein bisschen mehr geht doch sicher noch!"

Es war unglaublich. Zum Schluss blieben nur mehr unser Nachbar und ich, denn ich hatte mich bis dahin noch nicht geäußert. Bevor ich aber noch etwas sagen konnte, schlug unser Nachbar fest auf den Tisch und rief mit hochrotem Gesicht: „Wenn ihr die Straße nicht bis vor meine Türe macht, zahle ich nichts, gar nichts!"

„Hört, hört", sagte der Bürgermeister mit sonorer Stimme, und ich hatte große Lust, zu rufen: „Che bella voce!", „Welch schöne Stimme!". Der Bürgermeister aber zuckte nicht mit der Wimper. Er sagte nur sanft und leise: „Lieber Signor Martelli, es tut mir leid, dass ich eine wichtige Sache nicht gleich erwähnt habe. Sehen Sie, die Straße wird gemeinsam gemacht, für alle sozusagen. Aber die Zubringerwege zu den einzelnen Häusern müssen die Anrainer aus eigener Tasche bezahlen. Bei Ihnen heißt das leider, dass die Straße vom Haus der Signora weg ja nur von Ihnen befahren wird, denn sie ist eine Sackgasse. Das letzte Stück müssen Sie daher selbst sanieren lassen. Ein Pech, dass dieses Stück so lang ist! Natürlich können Sie das auch von unserer

Baufirma asphaltieren lassen, aber auf Ihre Kosten. Verstehen Sie mich richtig, Signor Martelli?"

Der Nachbar schäumte. „Dann zahle ich keine Lira!"

„Aber, aber", sagte der Bürgermeister. „Sie benützen doch die volle Länge der Straße, nicht wahr? Da müssen Sie sich doch beteiligen! Natürlich können wir Ihnen die Durchfahrt nicht verweigern, aber ich bitte Sie, doch noch einmal zu überlegen, wie das aussieht, wenn ausgerechnet Sie nichts zahlen würden!"

Der Nachbar wurde von der Stimmung, die sich gegen ihn aufbaute, förmlich überwältigt, obwohl keiner ein Wort sagte.

„Und, Signora", fragte der Bürgermeister, so, als wäre die andere Angelegenheit schon erledigt, „wie ist das mit Ihnen?"

Ich hatte inzwischen fieberhaft gerechnet. Es fehlten noch zwei Millionen Lire. Wenn ich also jetzt zwei Millionen sagte, dann hätte der Nachbar gar nichts zahlen müssen, und das konnte ich doch nicht zulassen. Darum sagte ich: „Ich glaube, ich kann eineinhalb Millionen zahlen."

Der Bürgermeister hatte sich meine Überlegungen scheinbar genau so vorgestellt, denn er sagte: „Danke, das wär's jetzt ja so ziemlich genau! Nun, Signor Martelli, da würden nur noch 500.000 Lire auf Sie entfallen, obwohl Sie den längsten Teil der Straße benützen."

Als der Nachbar nichts erwiderte, sagte der Bürgermeister in einem seltsam scharfen Ton: „Das können Sie sich leisten, und wir alle wissen das."

Der Nachbar war bleich geworden, ob vor Wut oder weil es hier plötzlich doch um mehr ging, als er gedacht hatte, nämlich auch um seine Ehre, weiß ich nicht. Er sagte unwirsch: „300.000 und keine Lira mehr."

„Poco", „wenig", sagte der Bürgermeister trocken und etwas verächtlich, „aber es reicht."

Wieso das plötzlich reichte, war mir nicht klar, aber ich wollte keine Fragen stellen. Wenn ich nur eine Million gesagt hätte, was wäre dann gewesen? Aber als Ausländer hatten auch wir einen Ruf zu verteidigen, und der Bürgermeister wusste das so gut wie ich.

„Nächste Woche", sagte der Bürgermeister, „bekommt ihr alle eine Kopie des Kostenvoranschlags. Ich schlage vor, in drei Raten zu bezahlen. Einen Teil bei Arbeitsbeginn, einen Teil bei Beendigung der Arbeit und einen Teil sofort, also sagen wir innerhalb einer Woche."

„Pönale", schrie plötzlich mein Nachbar. „Sie müssen sagen, wann sie anfangen und wie lange sie brauchen, und wenn sie die Zeit nicht einhalten, dann müssen sie Pönale zahlen! 100.000 Lire am Tag!"

Der Bürgermeister konnte sich ein Lachen nicht verbeißen, und auch die anderen Anwesenden grinsten über diesen Zwischenruf. Einer der Leute von der Baufirma sagte nur: „Wir fangen am kommenden Montag an, und in genau drei Wochen sind wir fertig. Basta."

„Aber ... ", wollte der Nachbar einwenden.

Der Bürgermeister schnitt ihm das Wort ab: „Will vielleicht jetzt schon jemand zahlen?"

Das wollte allerdings niemand. Aber ein Anrainer verpflichtete sich, die Gelder einzusammeln und Buch darüber zu führen.

Es schien alles so unkompliziert, ganz ohne die üblichen Sicherstellungen, sei es seitens der Baufirma, sei es seitens der Beteiligten. Ich konnte es gar nicht glauben. Aber so war es offenbar hier auf dem Land, da glaubte jeder jedem, niemand dachte daran, dass jemand übervorteilt werden könnte.

Plötzlich sagte Riciardetto: „Eine wichtige Sache noch, Herr Bürgermeister! Wenn irgend möglich, sollte man vermeiden, beim Straßenbau zu weit in den Berghang einzuschneiden, denn dieser ganze Berg ist schon immer sehr anfällig für Erdrutsche. Und jede Veränderung der Böschung könnte sehr gefährlich werden. Vielleicht sollte man das bedenken."

Der Bürgermeister zeigte mit dem Finger auf die Leute der Baufirma, als wollte er sagen: Das notiert euch gefälligst! Da erinnerte ich mich daran, dass mein anderer Nachbar einst einen seiner Traktorwege erweitert hatte, worauf kurz danach ein kleines altes Marterl eingestürzt war. In dieses Marterl hatte ich, weil es so leer und traurig dastand und weder ein Heiliger noch ein Bild, noch sonst etwas darin war, eine Maria-zeller Porzellan-Madonna in Weiß und Gold gestellt und sie mit einem Schmiedeeisengitter vor dem Zugriff Unbefugter versperrt. Der Pfarrer war sogar gekommen und hatte die Madonna geweiht.

Alles war sehr pompös zugegangen unter Beisein der sehr frommen Frau unseres Nachbarn. Wovor ich aber die Madonna mit dem Gitter nicht bewahren konnte, war der Erdrutsch, der sie und das ganze Marterl wie ein Kartenhaus in sich zusammenfallen ließ. Die Nachbarin kam in Windeseile und stand staunend an der Unglücksstelle. Ein Wunder war geschehen! Die Madonna war unversehrt geblieben! Sie lag unter all dem Schutt, aber sie hatte nicht einmal einen Kratzer!

Ein Wunder, und dieses Wunder war nur geschehen, weil sie täglich frische Blumen hingebracht und dort gebetet hatte. Deshalb nahm sie auch die Madonna zu sich und stellte sie in ihr Schlafzimmer.

Ich wollte den Bürgermeister, von dem bekannt war, dass er und die Gemeindeväter eingeschworene Kommunisten waren, auf die Probe stellen. Und deshalb sagte ich unschuldig: „Es ist doch zu schade um das Marterl. Könnte man es nicht wieder aufstellen?" Und siehe da, der Bürgermeister erkundigte sich bei den älteren Anrainern, wie lange denn dieses Marterl dort gestanden sei. Und als es hieß, das wäre sicher an die 100 Jahre her, sagte er ohne Zaudern zu den Leuten der Baufirma, dass sie das Marterl wieder aufstellen sollten, denn schließlich sei es so etwas wie ein Wahrzeichen. Der Bürgermeister zwinkerte mir zu und sagte mit einer Stimme, die keinen Widerspruch zuließ, zu den Leuten der Baufirma: „Da bin ich sicher, dass unsere Baufirma das umsonst machen wird!"

In die Kirche geht er nicht, dachte ich, aber er ist dort getauft und seine Frau hat er sicher in der Kirche geheiratet. Sie im weißen Kleid und er mit der weißen Nelke im Knopfloch, vielleicht auch mit einer roten, aber was tat das schon!

„Die Madonna wird es Ihnen danken", sagte mein Nachbar zum Bürgermeister. Der aber hörte ihm nicht zu, sondern erklärte die Sitzung für beendet.

Heute fahren wir alle auf einer Asphaltstraße, und die Mariazeller Madonna lächelt dazu.

Bimbo 1

I morti aprono gli occhi ai vivi.
Die Toten öffnen den Lebenden die Augen.

Mario war ein jähzorniger Mann. Und einer, der nicht gern arbeitete. Doch er hatte eine Frau und vier Kinder. Und so musste er arbeiten. Weil er das musste, war er oft zornig. Irgendwie sah er in der Frau und den Kindern die Ursache für sein Elend. Im Zorn schlug er manchmal zu. Er schlug die Frau, und er schlug auch die Kinder. Jeder wusste es, denn wenn sie stritten, hörte man ihre schrillen Stimmen von weit her. Doch niemand mischte sich ein. Es gab kein mahnendes Wort. Nur der Pfarrer meinte, dass es seine Pflicht wäre, hier einzugreifen. Nicht Frieden zu stiften zwischen Mann und Frau, das würde er nicht zuwege bringen, das wollte er auch gar nicht erst versuchen. Aber gerne hätte er, wie er sagte, die Kinder gerettet – die drei Mädchen und den Jungen. Er wollte, dass sie zu den Nonnen in die Schule gehen sollten. Und er meinte, dass er mit diesem Vorschlag nicht nur für die Kinder ein gutes Werk tun würde, sondern auch den Eltern, besonders dem Vater, der ja seine Kinder offenbar nicht sehr mochte.

Der Pfarrer kam in das Haus und legte seinen Plan wie eine Art Geschenk dar, für das er Dank erwartete. Stattdessen aber führten seine salbungsvollen und doch drängenden Worte zu einem Zornesausbruch des Vaters. Er griff nach dem Jagdgewehr, das er wie viele hier in der sogenannten guten Stube an der Wand hängen hatte. Die zornigen Schimpfworte und erst recht der Griff nach der Flinte ließen den Pfarrer rasch den Rückzug antreten.

Dies alles hätte kaum jemand erfahren, hätte es der Pfarrer nicht empört selbst erzählt. Und obwohl Mario, wie gesagt, keinen guten Ruf hatte, brachte man auch der Aktion des Pfarrers keine Sympathie entgegen. Die Kirche solle sich gefälligst nicht in private Dinge einmischen und schon gar nicht versuchen, armen Menschen die Kinder wegzunehmen.

Dann kam eine Schreckensnachricht. Der kleine Junge sei tot, Opfer eines Unglücks. War er schlimm gefallen oder ein Holzstoß über ihm zusammengebrochen? Über seinen Tod gab es verschiedene Versionen. In jeder aber kam vor, dass der Vater an diesem Tag ganz besonders laut gebrüllt und mit seiner Frau gestritten hatte. Und so zweifelte wohl kaum einer daran, dass der Tod des kleinen Jungen etwas mit dem Jähzorn seines Vaters zu tun gehabt habe, wenn es auch keiner offen aussprach.

Ich hatte ihn oft gesehen, den kleinen Jungen. Er spielte vor der Tür. Und jedes Mal, wenn er mich sah, lachte er. Er hatte, so meinte ich, eine Beziehung zu mir. Ich jedenfalls hatte eine zu ihm. So wollte ich Abschied nehmen von ihm.

Bimbo 2

Er sah mich an, und ich dachte: So lacht nur die Sonne. Die anderen drei waren misstrauisch und blass. Das ist ein Kind der Zukunft, dachte ich mir, als ich seine Augen sah.

Er allein würde dem drückend elenden Gemäuer seines Vaterhauses entkommen. Er allein.

Jetzt ist er tot. Drei Jahre war er alt.

Die Kirche war fast leer. Ein Mann war da und eine alte Frau. Der Mann, ein still vor sich hin jammernder Greis. War er vor Gram so außer sich oder nur alt und närrisch?

Ich hätte über ihn genauso weinen wollen wie über dieses kleine Kind.

Aber ich hatte keine Tränen.

Eine finstere Nonne öffnete das Tor und ließ den Sonnenschein herein.

Seltsam, dass die Sonne schien an diesem Tag. Fast war es wie ein Dankgebet.

Vor dem Altar stand eine große Kerze blumenverziert auf einem goldenen Leuchter. Davor die Bahre, die den Sarg erwartete.

Wir armen Narren, dachte ich. Warum sollte man weinen über diesen Tod?

Es war der Tod von einem kleinen Kind, aber es war kein Kind der Hoffnung, wie ich es damals glaubte.

Warum trauern wir so, obwohl wir doch nicht wissen, wie viel Schmerz es in diesem Leben erwartet hätte? War dieser Tod vielleicht eine Gnade, besser, als dieses Kind in Not und Unglück untergehen zu sehen?

Denn die Familie war verflucht. Diebe und Taugenichtse hat sie hervorgebracht.

Die Leute fürchteten sich vor ihr. Unglück verbreitet Angst, als ob es eine Krankheit wäre.

Sie wohnten nicht sehr weit, hinter dem Wald, und ich ging oft an ihrem Haus vorbei.

Zeterndes Geschrei und böse Worte spie es aus, und auch ich hatte Angst.

Vielleicht war alles nur zum Besten.

Acht Kinder zwischen neun und zehn trugen den Sarg herein. Dann kamen andere dahinter aus dem Dorf. Ihre Gesichter waren alle starr. Waren sie das gewohnt?

Wie viele Schrecken hat der Tod für so ein Kind? Wie oft hatten sie all dies schon getan? Macht das den Tod für sie verständlicher und kleiner?

Dahinter dann die Frauen. In ihrer Mitte hängt die Mutter wie eine dunkle Traube.

Ihre Füße berühren kaum den Boden. Der Schrecken steht ihr ins Gesicht geschrieben.

Vielleicht war alles nur ein Traum? Oh, bitte Gott, lass es einen Traum doch sein!

Morgen ist alles, wie es früher war! Er wird, wie gestern, vor dem Hause in der Sonne sitzen und wird mit Steinchen spielen, wie er es immer tat. Der Hund wird bei ihm sein und ihn beschützen.

Aber es ist kein Traum. Alles ist wahr. Die eigenen Kinder gehen vor ihr, die Augen rot, verschwollen von vielen Tränen. Sie wagen nicht, sich umzudrehen nach ihrer Mutter, die plötzlich alt geworden ist und hässlich.

Jemand spricht leise auf sie ein. Ihr ganzer Körper ist ein Schrei, den sie nicht wagt herauszustoßen aus der trockenen Kehle. Aber wen quält dieser Schrei? Gott? Ihren Mann?

Sie weiß es nicht, denn sie ist ihrem Schmerz verfallen.

Dann kommt der Vater, inmitten dieser Männer, die er zwar kennt, doch stets gemieden hat.

Jetzt aber, hier in dieser Kirche, die er selten betreten hat, sind sie um ihn und bauen eine feste Mauer um seinen Schmerz.

Der Schmerz ist auch der ihre. Er ist nicht einsam hier, in diesem Ort.

Wie er auch immer war, dieser noch junge Vater, das hat er nicht verdient: der einzige Sohn.

Hier war er nur ein Mensch, der tief getroffen war vom Schicksal.

Er sträubte sich in ihren Armen, aber sie tun wohl. Wann hatte ihn zum letzten Mal jemand umarmt?

Keiner wusste genau, wie es geschehen war. Doch diese Männer, wenn sie es auch wüssten und wüssten, es war seine Schuld, würden ihn nie verraten.

Er wusste das, und es war gut, zu wissen. Doch alle wussten auch, dass seine Kinder schrien, wenn er sie schlug. Aber er war ein Bauer, so wie sie. Und das Gesetz war eine andere Sache.

Ein Holzkarren war umgefallen. Ein Kind ist wie aus Glas.

Und wenn man noch dazu getrunken hat, sieht man nicht alles klar.

Aber es war nicht Absicht, o Gott, nein!

Und doch, jetzt ist es tot, und niemand bringt es mehr zurück.

Die Tränen strömen über sein Gesicht – piccolo bimbo, bimbo …

Der Pfarrer findet keine Trauer, und seine Worte schneiden kalt durch mich.

Da war die Sache mit der Flinte – er hatte es doch gut gemeint. Er wollte nur die Kinder zu den Nonnen holen, ein gutes Werk an ihnen tun!

Brav wären sie geworden, alle vier … Er hätte sie geliebt, wie er die anderen liebte, so wie Jesus es befahl. Befahl. Ja, so. Wie Jesus es befahl.

Er musste schnell das Haus verlassen damals, der Mann holte die Flinte von der Wand.

Er war dann nur zur Jagd gegangen, aber die Geste war ganz klar.

Der Pfarrer hatte sein Gesicht verloren. Nie würde das dieser kleine Mann vergessen.

Wo war nun seine Christlichkeit? Die andere Wange?

So monoton wie des Pfarrers Stimme habe ich ein Tedeum nie gehört.

Das ist der Fluch der bösen Tat, dachte der Pfarrer, und man sah es ihm an.

Gott segne dieses Kind, Gott segne diese Unschuld. Gott nahm es, weil er es so liebte.

Flach und tot waren die Worte. Wir preisen dich, o Herr.

Was wird der Herr zu dir, du kleine Seele, sagen, wenn er dich fragen wird nach deiner Rache?

Das Kind ist tot. Ist das nicht genug? Musst du die Eltern doppelt strafen noch mit Worten?

Jedoch die Eltern haben nichts gehört. Nicht diese harte Stimme, Gott sei Dank, noch diese kargen Worte.

Der Schmerz hat sie in eine andere Welt versetzt, die größer ist und voll Barmherzigkeit.

Und dann wurde das kleine Kind begraben, und das Leben wird weitergehen mit Schlägen und Geschrei und bitterer Armut. Nur ärger jetzt, nach diesem Schmerz.

Die Schuld wird immer zwischen diesen Eltern stehen.

Wo vorher längst schon keine Liebe war, was wird jetzt sein?

Arrivederci bimbo, quasi sconosciuto und Gott beschütze deine Eltern jetzt.

Die Olive und wir

A chi vuol, non mancan modi.
Wer etwas will, dem fallen auch die Mittel dazu ein.

Sie hatten gehört, ich hätte etwas mit dem Fernsehen zu tun. Was Fernsehen ist, davon hatten sie eine ganz bestimmte Vorstellung: Man nehme eine Kamera und bringe sie dorthin, wo etwas los ist. Die Leute daheim vor dem Schirm bekämen dann zu sehen, was da los ist. Besonders schwierig wäre es also nicht, das Fernsehen. Natürlich, die großen Shows, das sei etwas anderes. Da müsste man gewiss proben, ein Orchester spielen lassen, berühmte Sängerinnen und Sänger holen und gute Tänzer und was alles noch, das wisse man ja, dazu bedürfe es eines großen Aufwands. Aber so das tägliche Leben, das fange das Fernsehen jederzeit und überall ein. Einer, der beim Fernsehen ist, müsste das daher auch können.

Und so richteten sie ein Bitte an mich: Ihr tägliches Leben, ihre normale Arbeit würden sie gerne anderen Leuten vorführen. Denn die Menschen in den Städten hätten ja keine Ahnung, wie so ein Bauernleben abläuft. Die kauften das Olivenöl im Supermarkt und wussten wahrscheinlich gar nicht, wie eine Olive aussieht und wie ihr Öl in die Blechdose kommt.

Aber jetzt hatte der Agrarbeauftragte der Provinz eine gute Idee: Man werde im nächsten Monat im nahe gelegenen Dorf eine „Sagra del Olivo" veranstalten, ein Olivenölfest. Solche Feste gibt es in unserer Gegend den ganzen Sommer über, jeweils zu Ehren eines bäuerlichen Produkts, eine Käse-Sagra, eine Schinken-Sagra, eine Würste-Sagra und einige mehr. Die Bauern aus der Umgebung stellen ihre Produkte aus und bieten sie auch

zum Verkauf. Die Sagras werden in der ganzen Umgebung angekündigt und von vielen Menschen besucht. Doch nunmehr
meinte der Bürgermeister, man sollte auch eine Art von Pro-
gramm bieten, und der Agrarbeauftragte stimmte ihm zu. So
sind alle Bauern der Umgebung aufgefordert worden, zweierlei
zu tun: Sie mögen ihre Produkte für die Ausstellung vorbereiten,
aber sich auch den Kopf zerbrechen, auf welche Art man das zu
erwartende Publikum sinnvoll und zur Ausstellung passend belehren und unterhalten könnte.

Sie nun, unsere Nachbarn, hätten sich dabei wahrscheinlich
die beste Idee einfallen lassen: Ich möge doch über sie und mit
ihnen einen Film herstellen, den sie im Rahmen der Sagra auf-
führen könnten. Irgendwie klang da auch durch, dass jeder von
uns für die Gemeinschaft das einzubringen hätte, was er kann.
Und von mir nahmen sie an, dass ich „Fernsehen" kann, in dem
Sinne, dass ich Fernsehen stattfinden lassen kann.

Noch wehrte ich mich, versuchte freundschaftlich klarzumachen, dass dies gar nicht so einfach wäre, eines viel größeren
Aufwandes bedürfe, als sie meinten, und überhaupt in so kurzer
Zeit kaum ein derartiger Film zustande zu bringen sei. Das sahen
sie nicht ein. Fernsehen sei gewiss einfacher, als ich es darstellte.
Jeden Tag bringe das Fernsehen sehr viele Ereignisse, die sich erst
vor wenigen Stunden begeben hätten. Darum könne es nicht so
schwierig und so langwierig sein, einen Filmbericht herzustellen.
Aber das Leben und die Arbeit von fünf Bauernfamilien sei etwas
anderes als der Bericht über einen Autounfall oder einen Bank-
überfall. Und außerdem: Was soll denn da überhaupt gezeigt
werden? – „Na, wir. Wir sollen gezeigt werden, wie wir arbeiten,
wie wir leben." Es war Juli und sehr heiß. Folglich hatte ich, wie
ich meinte, ein gutes Gegenargument zur Hand: Die Arbeit im
Olivenhain beginnt im Februar, wenn die Bäume geschnitten
werden, und sie endet im Dezember, nach der Olivenernte. „Jetzt
haben wir Juli, jetzt schneidet ihr keine Bäume, jetzt erntet ihr
keine Oliven."

Doch damit hatte ich schon den entscheidenden Fehler gemacht, denn mit diesem Argument hatte ich die Machbarkeit eines solchen Films nicht mehr in Frage gestellt, sondern nur die Rolle, die die Bauern dabei zu spielen hätten. Und über diese Rolle hatten sie sich schon sehr genau den Kopf zerbrochen: Ich möge mir da keine Sorgen machen. Sie würden die Bäume schneiden, selbst wenn es Juli ist, und sie würden auch Oliven ernten. Wie denn? Das wäre schon ihre Sache, die meine sei es nun, den Film zu machen. Aber wie und wo sollte dieser Film gezeigt werden? Nun, man habe sich das so vorgestellt: Auf der Piazza von Benevento, auf der die Sagra stattfindet, wo die Tische stehen, auf denen sie ihre Produkte anbieten, da werde man eine große Kinoleinwand errichten, auf der dann der Film gezeigt werden könne.

Das eben sei kein Fernsehen, warf ich ein, das sei ein Film. Was sie also wollten, müsste möglichst mit einer Videokamera aufgenommen und dann technisch sehr kompliziert geschnitten werden. Ich aber hätte keine Videokamera und kein Studio, um die Videos zu bearbeiten. Außerdem sei ich kein Kameramann. Das sei schon meine Sache, davon verstünden sie nichts, aber wer beim Fernsehen ist, müsste das schon zustande bringen. Und ich hätte doch auch immer wieder von unseren Urlaubsreisen selbst gedrehte Filme mitgebracht. Da hatten sie recht.

Ich besaß tatsächlich noch eine alte, aber noch recht gute Filmkamera, und offenbar gab es jetzt für mich kein Zurück mehr. Aber wie sollten Winteraufnahmen im Sommer zustande kommen? Sie wollten übermorgen kommen, und ich wollte beweisen, dass ich mich zumindest sehr bemüht hatte, ihre Bitte zu erfüllen. Also besorgte ich mir einen Film, einen, denn es würde sich ja rasch herausstellen, dass die Sache nicht machbar war.

Sie kamen zeitig am Morgen: fünf Männer, fünf Frauen, acht Kinder, drei Hunde. Schon jetzt hatte es 25 Grad Celsius im Schatten, in Kürze würde das Quecksilber auf 30 und mehr Grad klettern. Aber da standen sie vor mir, alle in Winterkleidung, mit Pullover, Schal und Mütze und dicken Handschuhen. Es sei jetzt

Januar, und jetzt werde man die Bäume schneiden. Wie und wo sei dies für die Kamera am günstigsten? Eine halbe Stunde später hingen fünf von ihnen in den Kronen der Olivenbäume und begannen sie mit ihren kleinen Handsägen und großen Gartenscheren zu bearbeiten. Die Frauen aber legten inzwischen Netze unter den Olivenbäumen aus, so wie sie es im November und Dezember tun, um die Oliven zu ernten.

Langsam, langsam, meinte ich, wenn aus dem Film etwas werden soll, müssen wir jeden Arbeitsvorgang von verschiedenen Seiten und mit verschiedenen Brennweiten aufnehmen – Hände müssten da zu sehen sein und die Gesichter und die Äste in Großaufnahme ebenso wie die Sägen. Das sei ihnen durchaus recht, meinten sie. Ich möge ihnen nur sagen, was sie zu tun hätten. Eine Stunde später ließ ich mir ein Dutzend Filme kommen. Wir hatten begonnen, einen Film zu drehen: „L'Olivo e noi" – „Die Olive und wir". Stundenlang kletterten sie in ihrer Wintervermummung auf den Bäumen herum, warfen abgeschnittene Äste herunter, sammelten sie, häuften sie und verbrannten sie, so wie sie es im Januar tun.

Zur Ernte kamen wir an diesem Tag nicht, wohl aber am nächsten. Wieder kletterten sie in Winterkleidung auf die Bäume, hatten Rohrstäbchen in der Hand und begannen die vermeintlichen Oliven von den Ästen zu klopfen, während die Frauen neben den Netzen auf die fallenden Oliven warteten. Ich traute meinen Augen nicht: Sie fielen wirklich, Dutzende, Hunderte Oliven, so schien es, fielen von den Bäumen. Sie hatten sich in irgendeinem Gartencenter die kleinen braunen Steinchen besorgt, die für Hydrokulturen gebraucht werden und die etwa die Größe und Form von Oliven haben. Damit es aber auch ein paar echte unter den herabfallenden Oliven gäbe, hatten sie einige Gläser eingelegter Oliven mitgebracht, die sie nun opferten. Sie sahen beinahe aus wie frisch.

Der dritte Tag aber brachte ein fast unüberwindliches Hindernis: Die in großen Säcken geernteten Oliven mussten zur Ölmühle gebracht werden, um dort gemahlen und gepresst zu werden. Doch im Sommer ist die Mühle geschlossen. Der Schlüssel war zwar rasch besorgt, aber als wir die Halle betraten und die beiden großen Mühlsteine elektrisch in Bewegung setzen wollten, mussten wir feststellen, dass der Strom abgeschaltet war.

Hier bedarf es einer Schilderung dieses heute trotz modernerer Methoden immer noch gebräuchlichen Mahlvorganges. Die beiden großen, schweren Mühlsteine, etwa eineinhalb Meter im Durchmesser und fast einen halben Meter dick, laufen um eine Achse im Kreis und zerdrücken mit ihrem schweren Gewicht die Oliven samt ihren Kernen zu Brei. Die Steine bewegen sich in einem Stahlbehälter. Die Oliven werden, nachdem sie gewaschen sind, in diesen Stahlbehälter gefüllt. Sind sie einmal zu Brei zerdrückt, wird dieser Brei auf runde große Hanfplatten aufgetragen und eine Hanfplatte auf die andere gelegt. In Abständen von vier vollen Hanfplatten folgt eine leere, und darauf liegt eine Metallplatte. Dieser Turm von Hanfplatten, zwischen denen sich der Olivenbrei befindet, wird in eine hydraulische Presse gebracht, die die Platten langsam, aber stetig zusammenpresst. Nun tritt das Öl, das sich im Brei befindet, seitwärts aus und fließt die Hanfplatten entlang hinunter in eine Art großen, im Boden eingelassenen Trichter. Von dort wird das noch mit Olivenresten versetzte Öl in eine Zentrifuge gebracht, die die noch im Öl befindlichen festen Bestandteile der Oliven, aber auch das noch aus den Früchten stammende Wasser vom Öl trennt und dieses nun goldgelb in die bereitgestellten Behälter fließen lässt.

Kalte Pressung nennt man das. Hier werden weder Wärme noch Chemie angewendet. „Extra Vergine" heißt dieses Öl – besonders jungfräulich. Und das Öl aus dieser Gegend der Toskana hat zusätzlich noch Spitzenqualität. Die Sagra, bei der die Bauern vor allem ihre solcherart gewonnenen Olivenöle ausstellen und verkaufen sollen, wird also gewiss ein großer Erfolg werden.

Wohl aber kaum der Film. Denn nun mussten wir doch auf sehr entscheidende Arbeitsgänge bei der Herstellung dieses Olivenöls filmisch verzichten, nämlich auf den Malvorgang. Doch da hatte ich schon wieder die Hartnäckigkeit und den Erfindungsreichtum der Bauern unterschätzt. Wenn es bei den Universal-Studios in Hollywood einmal eine Stromstörung gäbe, so könnten sich die Wasser des Roten Meeres nicht teilen, um den Juden den Durchzug zu ermöglichen, der Weiße Hai könnte nicht nach den Badenden schnappen, und die Brücke am River Kwai könnte nicht regiegerecht zusammenbrechen und sich zur Filmwiederholung wieder zusammensetzen. Ohne Strom bewegt sich dort nichts. In unserer Ölmühle bewegten sich die großen Mühlsteine aber nun doch und zermalmten die bis dahin in großen Gläsern eingelegten Oliven. Vier Bauern waren unter den Stahlbehälter gekrochen, und es gelang ihnen, die Achse, an der die beiden gewaltigen Steine befestigt waren, von unten her händisch zu bewegen. Die Steine liefen, und die Kamera lief. In der Sorge, die vier Männer würden sehr bald erschöpft sein und die Steine würden sich dann nicht mehr bewegen, habe ich leider nur die Steine gefilmt und nicht auch die Männer, die sie bewegten – heute wäre dies ein amüsanter und für die Beteiligten ein heiter nostalgischer Anblick.

Alles brachten wir hin, nein, alles brachten sie hin, die Bauern und ihre Frauen und ihre Kinder: Ein künstlicher Brei wurde gemacht, selbst die Pressen händisch in Bewegung gesetzt, Öl floss aus der Zentrifuge und auch Wasser: tutto perfetto! Die nächsten Drehtage waren im Vergleich dazu fast schon ein Vergnügen: Sommerarbeiten wurden verrichtet, die Bäume mit Kupfersulfat gegen Parasiten gespritzt, das Gras zwischen den Bäumen gemäht, der Boden gefräst und gedüngt. Aber es ging nicht nur um die Arbeit, auch um das Leben. Verschwitzt und mit Erde beschmutzt kamen sie zu Mittag heim, besser gesagt, sie alle begaben sich in jeweils eines ihrer fünf Häuser und wurden dort von der an diesem Tag daheimgebliebenen Bäuerin mit einem umfangreichen Essen empfangen.

Was da auf den Tisch gestellt wurde, war für einen Nicht-Toskaner recht erstaunlich: natürlich Spaghetti mit Pomodoro e Basilico, gefolgt von einer Minestrone. Aber was danach kam, schien mir für ein bäuerliches Essen ungewöhnlich: Es gab dreierlei gebratenes Fleisch, Huhn, Kaninchen und Schweinsbraten. Ich wurde belehrt, dass diese dreierlei Fleischspeisen zu toskanischen Festessen gehören, dazu mitgebratene Kartoffeln und ein Insalata mista. Natürlich auch ein guter Schluck Rotwein. Und das sei weder außergewöhnlich noch verschwenderisch, denn jeder von ihnen habe alles, was am Tisch stünde, mit Ausnahme der Spaghetti, daheim – Hühner, Kaninchen, ein Schwein (wer keines hat, ersetzt diesen Gang durch ein Täubchen oder einen Truthahn). Auch das Gemüse wachse vor der Tür und der Salat. Den Wein mache man selbst und auch den Essig. Danach gibt es Obst, alles, was gerade reif ist. Diesmal waren es Äpfel und Nüsse aus dem Vorjahr.

Im Übrigen – gekocht wird über offenem Kaminfeuer. Jede bäuerliche Küche in der Toskana besitzt so einen Kamin. Kessel und Pfannen werden in das Feuer hineingehängt beziehungsweise hineingehalten, und es ist ein äußerst appetitanregender Anblick, wenn es umlodert von Flammen in den Pfannen zu brutzeln beginnt. Da mit feinstem Olivenöl gekocht wird, natürlich auch aus eigener Erzeugung, beginnt es in der Küche auch köstlich zu duften. Für mich war das nicht nur ein Augen-, Nasen- und Gaumenschmaus, es war auch ein Genuss, dies alles zu filmen.

Diese Essen wurden nicht des Filmes wegen so reichlich und so köstlich serviert, sie waren echt. Jedes Mal, wenn große Arbeiten in den Olivenhainen anfallen, schließen sich die Bauern, wie berichtet, samt ihren Familien zusammen und bearbeiten gemeinsam ihre Gründe, einen nach dem anderen. Auf wessen Grund sie gerade arbeiten, der hat sie an diesem Tag zu ernähren, und dabei lässt sich keiner lumpen. Man möge daher nicht glauben, erklärten sie mir, dass sie jahraus, jahrein jeden Tag so aufwendig und gut essen würden. Nein, nein, ein Teller Spaghetti genüge normalerweise auch. Das schöne große Essen war eine Art Lohn, den sie sich für die gemeinsame schwere Arbeit gönnten.

Schwere Arbeit wurde es auch noch für mich, den Film nun zu gestalten. Aber der Enthusiasmus unserer bäuerlichen Freunde hatte längst auch mich angesteckt. Es machte Freude, diesen Film zu schneiden, und auch Spaß, die Aufnahmen zu sehen.

Der Tag der Sagra näherte sich. Unentwegt wurde ich gefragt, ob der Film auch rechtzeitig fertig werden würde. Er wurde. Aber die Bauern und ihre Familien wollten den Film doch noch sehen, ehe er auf der Piazza vorgeführt würde. Sie wollten wissen, ob er tatsächlich geeignet sei für eine öffentliche Vorstellung. Also wurden sie eingeladen, sich den Film bei uns zu Hause anzusehen. Ob sie auch einige Gäste mitbringen könnten? Selbstverständlich.

Statt der erwarteten rund 20 Mitglieder der bäuerlichen Familien kamen etwa 40 Leute. Die Bauern hatten das Personal der Agrarabteilung der Provinzregierung eingeladen, den Bürgermeister und die Spitzen der Dorfverwaltung und, so schien mir, auch die Führung der örtlichen Kommunistischen Partei. Sie alle sahen den Film, und alle, die in dem Film vorkamen, kommentierten ihre eigenen Rollen laut und lachend, und ihre Kommentare wurden ebenso laut und lachend wieder kommentiert. Es war die heiterste Kinovorstellung, die ich je erlebte, einschließlich sämtlicher Micky-Maus-Vorstellungen meiner Kindheit. Danach gab es viel Applaus, und der Agrarbeauftragte der Provinzregierung hielt eine Rede, in der er den Darstellern des Films und auch mir recht feierlich dankte. Aber, meinte er, so wie er sei, könnte der Film wohl kaum öffentlich aufgeführt werden. Was sollte das denn heißen? Der Film sei doch stumm. Und in der Tat, das war er. Es war eben ein Film und kein Video, und eine zusätz-

142

liche Tonaufnahme wäre mir allein gar nicht gelungen. Ja, und daher werde es die Provinzregierung übernehmen, diesen Film zu vertonen. Ob sie dies könne? Selbstverständlich, dazu habe sie ihre Fachleute. Also wurde dem Agrarbeauftragten der Film übergeben.

Mittlerweile hatten die Bäuerinnen, was ich anfangs auch nicht wusste, die für die Aufführung notwendige Kinoleinwand hergestellt. Es waren, wenn ich richtig gezählt habe, vier weiße Leintücher, die sie fein säuberlich zusammengenäht hatten. Aber mit einem normalen Projektor war eine solche Größenordnung von Leinwand nicht zu bespielen. Doch so groß müsste die Leinwand wohl sein, man erwarte immerhin einige Hundert Besucher der Sagra. Und dazu komme noch die örtliche Bevölkerung. Im Übrigen möge ich mir nicht den Kopf zerbrechen, es werde alles funktionieren. Ich war nicht ganz davon überzeugt. Aber die Sache war nun aus meinen Händen genommen.

Es kam der Tag der Sagra, und es kam der Abend, an dem der Film auf der Piazza von Benevento laufen sollte. Er war groß angekündigt, „L'Olivo e noi" mit „bekannten Mitwirkenden", die aber nicht mit Namen genannt wurden. Dennoch hatte es sich herumgesprochen, dass man in diesem Film so manch bekanntes Gesicht sehen würde.

Es waren wirklich viele Menschen gekommen. Die Piazza war, wie man so sagt, „gesteckt voll". Ein Blick überzeugte mich, dass man offenbar auch einen geeigneten Projektor gefunden und in Stellung gebracht hatte. Aber wie, fragte ich mich, würden sie das mit dem Ton anstellen? Ich nahm an, dass sie zu dem Film einen Text geschrieben und diesen Kommentar aufgenommen hatten. Man würde also die einzelnen Arbeitsvorgänge für die Laien beschreiben. Hoffentlich keinen allzu dichten Text, sodass man nicht nur hören, sondern dazwischen auch noch sehen könnte. Ich arbeitete mich vor bis zum Projektor. Da sah ich die Antwort auf meine Frage: Neben dem Projektor hatten sie ein Tonbandgerät aufgestellt, ein altes, auf dem sich noch zwei große

Rollen mit dem Band bewegten. Das Gerät besaß auch einen Lautsprecher. Vor dem Lautsprecher war ein Mikrofon postiert. Dieses Mikrofon war über einen Verstärker mit einer ganzen Reihe von Lautsprechern verbunden auf den Dächern rund um die Piazza. Man würde also Film und Tonband gleichzeitig starten, und der Ton würde vom Bandgerät über das Mikrofon übertragen werden. Gar nicht ungeschickt. Jede andere Vertonung hätte einen großen Aufwand bedeutet.

Endlich war die Stunde da. Es war finster geworden, und der Film wurde angekündigt. Die öffentliche Beleuchtung auf der Piazza wurde ausgeschaltet. Das allein schon bewirkte ein mächtiges Anschwellen der Stimmen des Auditoriums, denn dergleichen hatte man nicht erwartet, sich aber schon gewundert, wie denn der Film zu sehen sein werde, wo es doch so hell war auf der Piazza. Jetzt fühlte man sich wirklich wie im Kino. Los ging's. Schon waren die ersten Bilder auf der Leinwand zu sehen. Etwas verspätet setzte nun auch der Ton ein, überaus laut, fast dröhnend kam es aus allen Lautsprechern: „La Cucaracha", von einer Big Band gespielt. Im Nu wiegten sich die Zuschauer im Rhythmus dieser mitreißenden Tanzmelodie. Viele summten mit, einige kannten sogar den Text, was deutlich zu hören war. „La Cucaracha" wurde dann nahtlos abgelöst von „Santa Lucia", wodurch sich der Rhythmus in den Bewegungen der Zuschauer schlagartig änderte, dafür sangen aber umso mehr mit.

Für Stimmung war also vom ersten Moment an gesorgt. Sie steigerte sich rasch, als die Mitwirkenden in dem Film von vielen ihrer Freunde und Mitbürger erkannt wurden: „Der Ernesto, der Ernesto, schau!", „Die Elvira, sieh an, sieh an, sonst ist sie nicht so fleißig!" – „Du hast es nötig!", hörte man deutlich die Antwort Elviras aus der Menge. Alle lachten. Und so fiel ein Name nach dem anderen, und fast immer gab es auch einen Scherz. Was ich schon daheim erlebt hatte, wiederholte sich nun auf der Piazza. Es war eine der heitersten und unterhaltsamsten Kinovorstellungen, die ich je erlebt habe, obwohl ich bezweifle, dass die Zuschauer viel von der Handlung mitbekommen haben. Doch die war im Moment niemandem besonders wichtig.

Als der Film zu Ende war, gab es viel Applaus. Der Bürgermeister tauchte neben dem Projektor auf, griff nach dem Mikrofon und hielt eine Ansprache. Er bedankte sich bei den Mitwirkenden des Films, die er als große Künstler bezeichnete, er bedankte sich bei sich selbst, dass er als Bürgermeister eine derartige Aufführung auf der Piazza zustande gebracht habe, und mit besonderem Nachdruck bedankte er sich bei der Kommunistischen Partei, die den Projektor, das Tonbandgerät, das Mikrofon und die Lautsprecher zur Verfügung gestellt und auch für deren Montage gesorgt habe. Erneut Applaus. Später erfuhr ich, dass nur die Kommunistische Partei und sonst niemand in Benevento über solche Geräte verfüge. Sie benötige sie für ihre Kundgebungen.

Von diesem Abend wurde noch viel gesprochen. Die Mitwirkenden im Film wurden noch tagelang auf der Straße erkannt und angesprochen. Und wenn wir ihnen im Dezember in der Ölmühle begegnen und der Leiter der Ölmühle mit einem Druck auf einen Knopf die beiden großen Mühlsteine in Bewegung setzt, dann sehen wir einander an und lachen herzlich.

Der Fleischer

Si pigliano più mosche in una gocciola di mièle che in un barile d'aceto.

Man fängt Fliegen leichter in einem Tropfen Honig als in einem Fass Essig.

Signor Bocetti hatte einen kleinen, aber sehr hübschen Fleischerladen an der Straße. Seine Mutter saß an der Kassa, während sein alter Vater nur aushalf, wenn sehr viele Kunden zu erwarten waren, etwa vor den Feiertagen. Der junge Signor Bocetti, ein hübscher Mann, war überaus beliebt, denn er hatte endlose Geduld mit jedem noch so schwierigen Kunden.

Wenn ich den Laden Signor Bocettis aufsuchte, wartete mein Mann in einer Bar vis-à-vis, denn mein Einkauf brauchte Zeit, er konnte von einer halben Stunde bis zu einer Stunde dauern.

Man ging zu Signor Bocetti nicht nur, um einzukaufen. Man ging, um andere Leute zu treffen und vor allem, um mit ihm selbst zu plaudern. Der junge Signor Bocetti war eine Vertrauensperson.

„Wie geht es dem Onkel in Florenz?", fragte er zum Beispiel eine junge Kundin. „Ich habe ihn schon lange nicht mehr gesehen!"

„Ach der", erwiderte die Kundin, „der ist von uns ‚punificato'."

Das heißt so viel, dass er bestraft ist, wegen irgendeiner Sache, die man ihm übel genommen hat.

„Nein, wirklich", sagte Signor Bocetti, „aber er ist doch sehr nett!"

„Na, wenn Sie wüssten, was der gemacht hat, dann würden Sie das nicht so leichthin sagen. Certo, sicher ist er ein netter Mensch, wenn er will! Er hat meine Mutter beleidigt! Verstehen Sie? Meine Mutter beleidigt! Und das will etwas sagen, denn meine Mutter ist ein so gutmütiger Mensch, dass ich mir nicht vorstellen kann, welcher Teufel in ihn gefahren ist, dass er so etwas tut!"

„Na ja", sagte Signor Bocetti, „es wird sich schon wieder alles einrenken! Glauben Sie mir, manchmal sagen Leute die seltsamsten Dinge, die sie gar nicht so meinen! Wenn er zu mir käme, würde ich ihn schon zur Vernunft bringen!"

„Na, bei meinem Onkel ist das nicht so einfach, das ist der größte Dickkopf aller Zeiten! Aber wenn Sie meinen, schicke ich ihn zu Ihnen. Ich will nicht, dass sich meine Mama so kränkt. Er ist ihr einziger Bruder."

Während dieses Gesprächs hatte Signor Bocetti halb abwesend verschiedene Koteletts und Schnitzel geschnitten. Jetzt erst war die junge Dame an der Reihe zu sagen, was sie eigentlich wollte. „Geben Sie mir bitte 100 Gramm Prosciutto, aber nicht zu fett bitte, dann etwas Rindfleisch für die Suppe und 100 Gramm Gehacktes, das Billige, Sie wissen schon!"

„Noch etwas, Signorina?", fragte der Fleischer, und sie antwortete: „Ja, vielleicht einen Knochen oder zwei, nein, nicht diese, die weißen möchte ich lieber. So, das wär's, danke."

Als ich so die ganze Reihe derer ansah, die vor mir waren, und mir überlegte, wie viele Sorgen jeder dem Fleischer erzählen würde, konnte ich mir ausrechnen, dass ich den Vormittag hier verbringen würde.

Der nächste Kunde war ein älterer Mann, der als Erstes berichtete, dass seine Frau mit dem Fleisch, das er zuletzt gekauft hatte, nicht zufrieden gewesen war. „Sie sagte, es wäre zu mager. Und Sie wissen doch, dass sie gern recht fett isst."

„Das sieht man", sagte Signor Bocetti und lachte. Aber der Mann schien darüber nicht beleidigt, im Gegenteil.

„Irgendjemand sollte ihr sagen, dass sie sich ihre Leber ruiniert mit diesem fetten Essen! Meine Leber hat sie jedenfalls schon ruiniert! Vielleicht könnten Sie einmal mit ihr darüber reden!"

Der Fleischer lachte und sagte, dass das gegen seine Interessen wäre, denn die Leute wollten heutzutage immer nur mageres Fleisch, und was solle er dann mit dem Fett anfangen?

„Na und, sollen meine Frau und ich deswegen an einer kaputten Leber sterben?"

Das Gespräch war Gott sei Dank ins Komische geglitten, und alle Anwesenden lachten. „Porca miseria, das nenne ich einen Fleischer, der mich in den Tod schickt! Ich muss mir einen neuen suchen, einen, der nicht so herzlos ist! Aber jetzt geben Sie mir ein großes Stück vom Rinderherz, das tut der Leber gut und da gibt es kein Fett. Dann bekomme ich noch 250 Gramm Gehacktes und zwei Stück Hühnerbrust. So, das ist alles."

Damit drehte er sich abrupt um und sagte zur Mutter des Fleischers, die auf sein Geld wartete: „Sie haben einen herzlosen Sohn. Sie haben ihn wahrscheinlich nicht richtig erzogen!" Mit erhobenem Zeigefinger drohte er, das letzte Mal in diesem Geschäft gewesen zu sein.

„Mein Gott", seufzte Signor Bocetti, „jetzt hat er mich ‚punificato' – wenigstens bis morgen früh!"

„Meno male", sagte seine Mutter von der Kassa her, „warum kommt seine Frau denn nicht selber, statt sich zu beschweren?"

„Ich möchte 100 Gramm Gehacktes, das Gewöhnliche, Sie wissen schon", sagte die kleine hagere Alte, die jetzt an der Reihe war.

„Wie geht es denn heute?", fragte Signor Bocetti fürsorglich.

„Ach ja", sagte die Alte, „heute etwas besser. Die Nacht war wieder furchtbar, aber ich bin am Morgen immer so froh, dass sie noch lebt."

Im Laden herrschte mitfühlendes Schweigen. Ging es um ihre Tochter? Oder um ihre Enkelin?

„Warum konnte das nicht mir passieren? Ich bin schon alt!"

„Aber Signora", sagte der Fleischer, „wie können Sie so etwas sagen? Wer würde Ihre Tochter dann pflegen?"

„Sie haben recht, Signor Bocetti, es war nicht richtig von mir. Aber wenn Sie ..."

„Sch", sagte ein junger Mann neben ihr, „wir wollen hoffen, dass es vorübergeht."

Jeder hatte plötzlich ein Trostwort für die alte Frau. Der junge Fleischer war gerührt, er zwang sich offensichtlich, zu fragen: „Noch etwas, Signora?"

„Ja", sagte sie mit tränenerstickter Stimme, „ein kleines Kalbsschnitzel, dünn und sehr weich muss es sein – so 150 Gramm ..."

Danach war plötzlich wieder alles still. Als sie zahlen wollte, sagte der Fleischer: „Zahlen Sie das nächste Mal – heute ist kein guter Tag zum Zahlen."

„Grazie", sagte die Alte und lief ohne ein weiteres Wort hinaus.

„Und Geld ist auch keines da", seufzte der Fleischer, „ach Gott, die Welt ist ungerecht."

Sie war nur um 250 Gramm Fleisch gekommen, aber mit einem Sack voll Trost und Stärke war sie nach Hause gegangen.

Der Fleischer wandte sich anderen Dingen zu.

Als er mich sah, deutete er mir, ich solle zu ihm hinter den Ladentisch kommen. „Es gibt Pilze", flüsterte er, „in Castell Vecchio! Der alte Ernesto hat es mir in der Früh erzählt!"

Die geheimen Passionen der Menschen waren Signor Bocetti bekannt, und sein Laden lief so gut, weil er eben so viel über seine Kunden wusste. Er sprach sie immer persönlich an, und das ist in dieser Gegend kein Einzelfall. Der Mensch geht in den Laden, weil er muss, aber ohne Unterhaltung wäre das langweilig. Wie konnte man die Warterei anders ertragen als durch Gespräche? Natürlich brauchte dadurch alles etwas länger, aber man lernte viel dabei, vor allem über seine Mitmenschen. Das Privat-

leben ist nicht tabu – es liegt offen auf dem Ladentisch des Fleischers.

„Der Fleischer ist besser als der Pfarrer", sagte Pordina zu
mir. „Er hört sich alle Sorgen an und gibt nicht vor, der Stellver-
treter Gottes zu sein."

Signora Capelli

I pazzi crescono senza inaffiarli.
Die Verrückten wachsen, auch wenn man sie nicht gießt.

Ich musste einmal in einem Restaurant oben in den Hügeln mit jemandem telefonieren, als wir gerade darauf warteten, unsere Bestellung zu machen.

Beim Telefon stand völlig aufgelöst eine ältere Dame.

„Was kann denn nur mit Luigino passiert sein?", fragte sie mich.

Ich wusste nicht, wovon sie sprach. Aber sie fuhr fort, wie um mich aufzuklären: „Luigino muss gestern aus Frankreich angekommen sein, das weiß ich genau. Vielleicht können Sie etwas mehr darüber herausfinden?"

Ich war völlig perplex. Wer war Luigino? Wie sollte ich, die ihn doch gar nicht kannte, denn etwas herausfinden?

„Was soll ich tun?", fragte ich, und sie sagte: „Suchen Sie mir bitte aus dem Telefonbuch seine Nummer heraus. Capelli heißt er, so wie ich, und wohnt in Marliana. Es gibt nicht viele Capellis in Marliana, wissen Sie."

Ich sah also im Telefonbuch nach, aber ich fand keinen Luigino Capelli. Ich sagte ihr, dass da nur ein gewisser Capelli Franco und ein Capelli Bruno waren. Da wurde sie sehr ungeduldig.

„Nein, nein, das sind sie nicht! Mein Gott, können Sie ihn denn nicht finden?"

Da sie selbst keinerlei Anstrengungen machte, ins Telefonbuch zu schauen, dachte ich mir, vielleicht kann sie nicht lesen? Das ist mir aber in der Toskana noch nie untergekommen.

Da sagte sie: „Ach Gott, wenn mich das Telefon nicht immer krank machen würde, würde ich ja telefonieren!"

„Glauben Sie mir, Signora", sagte ich, „es gibt nur diese beiden Capelli in Marliana. Sehen Sie doch selbst nach!"

„Verstehen Sie, jedes Mal, wenn ich ein Telefon in die Hand nehme, wird mir todübel. Manchmal falle ich auch in Ohnmacht, darum hüte ich mich davor, es anzugreifen! Es ist eine Erfindung des Teufels!"

Ich konnte ihr nur recht geben.

„Rufen Sie vielleicht einen dieser Capelli an, vielleicht kennt er Luigino. Bitte machen Sie schon!", sagte sie ungeduldig. Ich hatte inzwischen ganz vergessen, warum ich selbst zum Telefon gegangen war. Ich war plötzlich sehr involviert in die Capelli-Angelegenheit.

„Welchen wollen Sie, dass ich anrufe?", fragte ich.

„Einen von den beiden, irgendeinen, wen Sie wollen!"

Also rief ich Capelli Franco an. Bei Capelli Franco meldete sich ein kleines Mädchen, das mir sagte, es wäre allein zu Hause.

„Dann rufen Sie eben den anderen an", sagte Signora Capelli, als ich aufgelegt hatte. Sie fing an, sich sichtlich über meine Unfähigkeit zu ärgern. Komischerweise begann ich mich zu schämen, obwohl ich doch bei Gott keinen Grund dazu hatte.

Folglich rief ich Capelli Bruno an. Er meldete sich selbst, und ich fragte ihn in meinem stockenden Italienisch, ob er vielleicht einen gewissen Capelli Luigino kenne. Ja, den kenne er, der hätte am Vorabend aus Paris eintreffen sollen, war aber nicht angekommen.

„Einen Moment", sagte ich, „warten Sie einen Moment am Telefon."

Dann erklärte ich der Signora die Situation, worauf sie mir wütend den Hörer aus der Hand riss und auf die Gefahr hin, sofort in Ohnmacht zu fallen, hineinschrie: „Was? Er ist nicht angekommen? Das ist ja unerhört! Was bildet er sich denn ein, mich so warten zu lassen! Ich bin seine Tante! Er kann doch nicht einfach einen oder zwei Tage später ankommen!"

Capelli Bruno versuchte etwas zu sagen, aber sie fiel ihm ins Wort: „Machen Sie sich vielleicht über mich lustig? Ich sage Ihnen doch, dass ich seine alte Tante bin, also was glaubt er denn! Wenn er kommt, dann sagen Sie ihm von mir, er kann mich gernhaben. Sagen Sie ihm das. Aber wenn er mich in diesem Leben noch einmal sehen will, weiß er, wo ich zu finden bin!"

Und damit schlug sie den Hörer wütend hin und ging zurück an einen Tisch im Nebenraum, wo einige Damen Karten spielten. Sie setzte sich dazu, und als ich ihr ungläubig nachsah, bemerkte ich, dass ihre ganze Wut verflogen war. Und da gerade ein neues Spiel begann, spielte sie seelenruhig ihre Karten aus. Das war das Ende der Affäre.

Verwirrt erledigte ich meinen Telefonanruf. Als ich später an Signora Capelli vorüberging, würdigte sie mich keines Blickes. In ihren Augen war ich ein Versager.

La vita è così

Per conoscere un furbo ci vuole un furbo e mezzo.
Um einen Schlaumeier zu erkennen, braucht es eineinhalb
Schlaumeier.

Skurril, wie einen hier oft die bizarren Stämme der Oliven anmuten, sind auch die Menschen, die von dieser Landschaft geprägt sind. Da gibt es den alten Signor Castrelli in Volterra, der an lauen Frühlingstagen unter einem grünen Regenschirm auf einer Mauer hockt. In seinem Schatten links und rechts von ihm hat er je eine Eule sitzen, die er mit einem Stück Schnur an den Beinen festhält. Mit dem Schirm schützt er sie vor der grellen Sonne. Und die Leute, die vorbeigehen, sprechen mit ihm, während die Eulen still vor sich hin dösen. Hie und da öffnet die eine oder die andere ihre runden gelben Augen und starrt regungslos vor sich hin. Manchmal kuscheln sich die Eulen an den Alten und verstecken sich in den Falten seiner übergroßen Jacke.

Wer immer an ihm vorübergeht, hat ein freundliches Wort für Castrelli. Er sitzt dort so selbstverständlich, als wäre nichts Absonderliches an seiner Begleitung. Hie und da spricht er mit den Eulen, erzählt ihnen etwas über die Vorübergehenden, und es stört ihn nicht, dass sie nicht antworten. Mitunter hüpft eine der Eulen auf seine Schulter, und dann sieht er wie ein Hexenmeister aus. Die Leute halten respektvollen Abstand von den furchterregenden Klauen und Schnäbeln seiner Vögel.

Signor Castrelli lässt sich gern fotografieren und trägt immer ein paar Postkarten, die ihn und seine Eulen zeigen, in seiner Rocktasche. Aus aller Welt bekommt er sie von den Touristen, die ihm begegnet sind.

„Was wäre mein Leben ohne meine Eulen? Nichts wäre es, glauben Sie mir! Langweilig wäre es! Es tut mir ja leid, dass ich die beiden anbinden muss. Zu Hause sind sie frei. Da wohnen sie in einem alten Hühnerstall, können aber in der Nacht wegfliegen."

„Und kommen sie auch wieder zurück?"

Der Mann sah mich prüfend an: „Sie verstehen nichts von Eulen? Ja, das muss man lernen! Natürlich kommen sie zurück, so wie die Hühner immer wieder zurück in den Stall kommen."

Nach einer Weile sagte er dann: „Wohnen Sie ständig in Italien?"

„Nein", sagte ich, „immer nur zeitweise. Warum fragen Sie?"

„Sonst hätte ich Ihnen eine Eule gegeben. Ich habe noch drei zu Hause. Aber alle kann ich nicht auf einmal ausführen, deshalb nehme ich sie abwechselnd mit. Wenn Sie wüssten, wie die, die zurückbleiben, sich kränken! Sie würden staunen."

Warum sollten sich Eulen nicht kränken können, dachte ich. Ich nickte und sagte: „Wie schade, aber sollte ich eines Tages eine Eule brauchen, komme ich zu Ihnen."

„Sehr gut!", sagte er. „Ich habe immer Eulen, manchmal mehr, manchmal weniger, aber immer mindestens zwei."

Ein Carabiniere kam vorbei und grüßte den Alten: „Wie geht's, Antonio? Hast du schon wieder ein Opfer gefunden?"

Der Carabiniere zwinkerte mir zu. Der Alte setzte ein beleidigtes Gesicht auf. Darunter aber leuchtete ein Lachen, das er nicht unterdrücken konnte.

„Hören Sie, Giovanni, ich bin doch kein Bettler!"

Der Carabiniere, den ich sofort verdächtigte, dass er mit dem Alten unter einer Decke steckte, sagte: „Davvero?" Was so viel heißt wie: „Nein, wirklich?" „Lässt du dich nicht für Geld fotografieren?"

Aha, dachte ich, so ist das. Ich zückte meine Kamera und machte drei Mal klick. Der Carabiniere grinste und ging weiter, während ich dem Alten sagte: „Sie können also nicht nur Eulen abrichten, sondern auch Carabinieri!"

Der Alte lachte, bis ihm die Tränen kamen, und sagte immer wieder: „Das ist gut, das muss ich mir merken!"

Ich legte ihm eine Münze in den Korb, in dem er wahrscheinlich die Eulen gebracht hatte.

„Das ist für die Eulen, damit Sie ihnen einmal ein Festessen geben können", sagte ich und dann: „An wen soll ich denn ein Foto schicken, wenn etwas daraus wird?"

„Schicken Sie es an Castrelli Antonio, Volterra."

„Nur so? Ohne Adresse?"

„Die Post ist ja gewöhnt, Briefe für mich aus aller Welt zu bekommen, die weiß schon, wo ich wohne."

Nach einer Pause fügte er stolz hinzu: „Einmal bekam ich ein Foto als Postkarte von den Fidschi-Inseln! Stellen Sie sich das vor! Mein Bild mit den Eulen von den Fidschi-Inseln!"

„Helfen Ihnen die Carabinieri immer so wie heute?"

„Natürlich", sagte er lachend. „Und wollen Sie wissen, warum? Ich sage es Ihnen: Die sind begeisterte Markensammler, und da kommen sie bei mir auf ihre Rechnung!"

Er lachte mit seinen kleinen verschmitzten Augen: „La vita è così."

Als ich das letzte Mal in Volterra war, konnte ich den alten Mann nicht finden. Vielleicht war es zu heiß oder das Sonnenlicht zu grell für die Eulen? Ich mache mir um den alten Mann Sorgen. Die Welt ist leer und traurig ohne Menschen wie Castrelli Antonio, Volterra.

Gufo

Chi non ha amore alle bestie, non l'ha neanche ai cristiani.
Wer die Tiere nicht liebt, liebt auch die Christenmenschen nicht.

Es war ein herrlicher Sommertag, als ich mit einem Freund auf den Markt nach Benevento fuhr. Die Märkte waren in unserer Gegend deshalb so interessant, weil sie sich sehr voneinander unterschieden. Abwechselnd an jedem Wochentag gab es einen Markt in einem der umliegenden Orte. Es war meist ein gemischter Markt, wo es neben Obst und Gemüse auch Kleider, Schuhe, Teppiche und Hausrat zu kaufen gab. Er war an schönen Tagen immer sehr gut besucht, und man traf meist dieselben Leute, die regelmäßig auch die anderen Märkte besuchten.

Benevento hat einen anmutigen mittelalterlichen Hauptplatz. Am Markttag sieht man wenig vom Rathaus oder den wunderschönen alten Gebäuden, die den Platz säumen, denn die Marktstände verdecken alles.

Wir parkten das Auto und gingen durch das alte Stadttor. Bevor wir uns aber in den Trubel stürzen konnten, blieb ich wie angewurzelt stehen. Vor mir stand ein Mann, der auf einer ausgestreckten Hand eine kleine Eule sitzen hatte. Es war eine Schleiereule, einer dieser mysteriösen, weißgesichtigen Vögel, die man nie zu Gesicht bekommt, denn sie wohnen in altem Gemäuer oder auf Kirchtürmen und sind nachtaktiv. Fasziniert starrte ich zuerst den Vogel und dann den Mann an. Sie schienen mir nicht zusammenzupassen. Der Mann erwiderte den Blick, genau wie auch der kleine Vogel mit seinen gelben Raubtieraugen, die er aber gleich wieder schloss, denn das Sonnenlicht tat ihm weh. „Woher haben Sie den Vogel?", fragte ich den Mann, und er sagte: „Ich habe ihn unter einem Stand gefunden. Er muss vom Turm gefallen sein und ist zu klein, um wieder hinaufzufliegen."

„Was machen Sie jetzt mit ihm?", wollte ich wissen.

Der Mann sah mich einen Moment prüfend an und sagte: „Ich nehme ihn mit nach Hause und sperre ihn in einen kleinen Käfig." Die Betonung schien mir auf dem Wort „klein" zu liegen.

„Wie schrecklich!", meinte ich. „Das ist doch ein wildes Tier!"

„Wird schon zahm werden, glauben Sie mir."

Die Leute ringsum begannen sich für unser Gespräch zu interessieren und scharten sich um uns.

„Nein, das dürfen Sie nicht tun. Sie können dieses herrliche Tier nicht in einen kleinen Käfig sperren. Der Vogel gehört in die Freiheit!"

„Wie wollen Sie das denn machen? Seine Mutter holt ihn sicher nicht mehr zurück, schon gar nicht, weil ich ihn berührt habe!"

Ich dachte angestrengt nach und sagte dann: „Was wollen Sie für die Eule, wenn ich Sie darum bitte, sie mir zu geben?"

Die Umstehenden schmunzelten. Die Sache begann ihnen zu gefallen.

„Ach, ich weiß nicht. Ich kann ja nichts für den Vogel verlangen, denn ich habe ihn nicht gekauft, sondern gefunden! Außerdem will ich ihn nicht hergeben."

„Aber wenn ich ich Sie sehr darum bitte?"

Ich hatte natürlich gespürt, dass die Sache mit dem kleinen Käfig nur darauf zielte, mir diesen Vogel schmackhaft zu machen. Dass ich eine Ausländerin war, hatte er sofort bemerkt, und Ausländer hatten ja alle einen Tick, wenn es um Tiere ging. Er hielt mich also hin.

„Wirklich, ich will den Vogel behalten, glauben Sie mir das!"

„Ja, ja", erwiderte ich ungeduldig. Aber dann sagte ich so, als wäre ich eine gewiegte Ornithologin: „Wissen Sie, es ist schwer, eine kleine Eule aufzuziehen. Das muss man fachmännisch machen, sonst geht der Vogel bald ein. Ich weiß das, da kenne ich mich aus."

„So sind die Ausländer. Sie kennen sich mit den seltsamsten Dingen aus", sagte er zu der versammelten Menge. „Was würden Sie denn machen, wenn ich Ihnen den Vogel gäbe?"

Ich erwiderte prompt, dass ich ihn bei mir in eine Dachkammer geben würde. Ich würde ihn so lange behalten und füttern, bis er sich selbst versorgen könne, und dann würde ich ihn freilassen. Er gehörte in die Freiheit. „Was würden Sie denn machen, wenn man Sie in einen kleinen Käfig sperren würde?"

Die Leute lachten. Der Mann fühlte sich plötzlich nicht mehr so glücklich, als ich ihm sagte, dass ich natürlich nicht so leichtsinnig wäre, mir so einen Greifvogel ohne Weiteres auf die Hand zu setzen, denn der hätte Krallen, die imstande seien, einer Maus oder einem kleinen Vogel sofort die Gurgel zu durchstechen und auch einen Menschen erheblich zu verletzen.

Der Mann blickte die Eule entsetzt an und prüfte voller Furcht die langen Krallen. Trotzdem sagte er: „Aber ich brauche die Eule!"

„Wofür brauchen Sie sie denn?", fragte ich unschuldig, als ob ich nicht erkannt hätte, dass er mich nur locken wollte.

„Zum Mäusefangen natürlich", sagte er etwas unwirsch, „wozu braucht man denn sonst eine Eule?"

Er meinte, ich sei ein ausländisches Greenhorn und verstünde von diesen Dingen nichts. Da aber erwachte in mir der Zorn wegen der drohenden Blamage, und ich sagte frech: „Ich wette mit Ihnen, dass dieser kleine Vogel spätestens in drei Tagen tot ist. Ob Sie es glauben oder nicht. Von Vögeln verstehe ich einiges, und dieser Vogel muss sachgemäß gefüttert werden, sonst verhungert er. Man muss ihm seine Mutter ersetzen, ihn mit Lebendfutter versorgen und fliegen lehren."

Die Menge lauschte erstaunt. Die Sache begann mir unangenehm zu werden, denn ich wusste wirklich nicht sehr viel über das Leben kleiner Eulen. Deshalb fügte ich hinzu: „Ich hätte gerne etwas bezahlt, wenn Sie mir die Eule geben würden! Vielleicht …" Aber dann beendete ich den Satz nicht und drehte mich um, so, als hätte ich schon aufgegeben.

Plötzlich hörte ich, wie der Mann meine Worte wiederholte: „Vielleicht …"

Ich drehte mich wieder zu ihm und sagte schnell: „Was würden Sie sagen, wenn ich Ihnen das Geld gäbe, damit Sie sich eine andere Eule kaufen können, wenn Sie schon eine brauchen?"

Ich sah förmlich, wie sich das Lächeln über sein Gesicht ausbreitete, während sein Hirn arbeitete. Aber er sagte nichts.

„Was kostet denn so ein Vogel, wenn man ihn kaufen würde?"

„Zehn Euro", sagte er wie aus der Pistole geschossen, und fügte dann etwas verlegen hinzu: „Ungefähr …"

Ich riss mir den Schal vom Hals und wickelte ihn um meine Hand. Dann nahm ich ihm die kleine Eule schnell aus der Hand und setzte sie auf meine eigene. Dabei hielt ich die Flügel nieder, damit sie mir nicht entkommen konnte. Die Eule ließ es still mit sich geschehen. Der Mann starrte seine Hand an und rieb sie ein wenig, wie um zu sehen, ob sie noch heil war. Ich bat meinen Freund, ihm doch schnell die zehn Euro zu geben, bevor er es sich noch überlegte.

Die Leute waren anfangs frappiert über das rasche Ende der Angelegenheit, dann aber begannen sie alle zu reden, zu gestikulieren und vor allem zu lachen. Sie meinten sicher, dass ich total verrückt war, jemandem einen Vogel abzukaufen, den er gerade erst gefunden und auf den er sicherlich keine Besitzrechte hatte. Sie bewunderten aber den Mann, der sich auf so raffinierte Weise in so kurzer Zeit zehn Euro verdient hatte. Den Fremdenverkehr müsste man wirklich mehr fördern, wenn dabei solche Sachen herausschauen!

Ich aber ging, gefolgt von meinem Freund, der von dem allen nur einen Bruchteil verstanden hatte, zum Auto zurück, so schnell ich konnte, ein Auge auf den kleinen Vogel gerichtet, des-

164

sen scharfer Schnabel mir jederzeit in die Augen hacken konnte und gegen dessen Krallen auch der Schal keinen ausreichenden Schutz bot.

Erst als wir in dem offenen Cabrio unseres Freundes unterwegs waren, begriffen wir den Ernst der Situation und zugleich auch ihre Komik. Jetzt hatte ich eine Eule, aber was nun?

Wie zieht man eine Eule auf? Gab man ihr wirklich lebendes Futter, wie ich es behauptet hatte? Wir mussten beide während des ganzen Heimwegs lachen. Den Markt würde man sich ein anderes Mal ansehen. Jetzt hatten wir andere Sorgen. Der Vogel saß, trotz Fahrtwind und der ungewohnten Nähe eines Menschen, mäuschenstill.

Als wir zu Hause ankamen, waren alle über unsere frühe Rückkunft erstaunt. Die kleine Eule jedoch versetzte sie in Begeisterung.

„Un gufo", sagte Pordina, „guarda la Signora – un piccolo gufo!"

Ein Gufo war also eine Eule. Jetzt wusste ich endlich, warum der Mann immer ihn so genannt hatte.

„Was machen wir damit?", fragte Pordina, und ich sagte, dass ich ihn aufziehen wollte, um ihn dann, wenn er fliegen konnte, freizulassen. Pordina schüttelte ungläubig den Kopf. Man war in diesem Haus nie sicher, was als Nächstes passieren würde. Ein Gufo. Das müsste sie sofort ihren Kindern erzählen. Damit ging sie kopfschüttelnd nach Hause.

Wir aber mussten darangehen, dem Gufo ein Zuhause zu schaffen. Da kam mir die rettende Idee: Wir geben dem Gufo einen Teil des Dachbodens, wo die Trauben für den Vin Santo aufgehängt werden. Da hat er Platz, sich zu bewegen, er kann sich auf den Schrank setzen, der dort steht, und da kann ihm nichts passieren.

Ich nahm ein Kissen, balancierte den Gufo darauf und trug ihn die steile Treppe zum Dachboden hinauf. Ich setzte meinen Schützling auf den Schrank. Ein paar Sekunden blieb er ganz still, dann aber begann er auf dem Schrank hin und her zu spazieren. Er drehte und wendete den Kopf. Er sah mehrmals zu uns. Dann tat er etwas, das uns alle bis in die Türöffnung zurückweichen ließ – er spannte die Flügel aus. Plötzlich war er nicht das kleine Gufolein, sondern ein fast ausgewachsener Greifvogel. Die braunweiße Maserung der Flügel war wunderschön. Diese Pracht der Schattierungen, von Weiß über Beige bis zum dunkelsten Braun. Wir wurden aber in der Betrachtung dieser Farben gestört, denn die Eule begann von einem Bein auf das andere zu treten und den Kopf zu senken, als ob sie Anlauf nehmen würde, um mich anzusteuern. Dabei brachte sie schrecklich zischende Geräusche hervor. Es klang wie das Keuchen einer Dampflokomotive.

Wir erstarrten, fasziniert von diesem Schauspiel, das aber ebenso abrupt endete, wie es begonnen hatte. Der Gufo saß plötzlich wieder ganz still da und rührte sich nicht.

„O Gott", sagte ich, „das ist ja schauerlich!"

„Und den musst du füttern!", sagte mein Mann lachend, als wir dann, nachdem wir die Tür behutsam hinter uns geschlossen hatten, die Treppe hinuntergingen.

Ich stürzte zum Bücherschrank und fand auch gleich, was ich suchte: „Brehms Tierleben", „Die Vögel".

Danach saßen wir auf der Terrasse und studierten alles, was wir unter Eulen finden konnten. Der gute alte Brehm hatte in weiser Voraussicht auf unsere und sicher viele ähnliche Experimente mit Eulen alles im Detail beschrieben: wie man eine Eule aufzieht, was man ihr zu fressen gibt, wie man es überhaupt zustande bringt, sie zur Futteraufnahme zu bewegen. Davon hing das ganze Experiment ab. Ich suchte also erstens eine Pinzette, dann einen sehr festen Stoff, den ich mir um den Arm wickeln konnte, und ein Paar dicke Arbeitshandschuhe. Unser Freund, der seine Italienisch-Kenntnisse immer gerne erprobte, machte sich erbötig, rohes Gehacktes zu kaufen. Als er zurückkam, ging ich mit all diesen Dingen bewaffnet in den Dachboden. Ich wollte allein gehen, denn die Eule musste vor allem zutraulich werden. Die Anwesenheit anderer hätte sie sicher gestört. Ich setzte mir Sonnenbrillen auf und öffnete langsam die Tür. Die Eule saß auf dem Schrank. Sie rührte sich nicht und hatte den Kopf der Wand zugekehrt.

Ich stellte einen Stuhl und einen Tisch bereit, legte ein altes Tuch darüber, gab Holzteller mit dem Fleisch darauf und ging vorsichtig auf den Schrank zu. Sofort begab sich die Eule in Kampfstellung und breitete die Flügel aus. Ihr scharfer Schnabel bewegte sich hin und her und ihr Keuchen entnervte mich.

Die Eule war zurückgewichen, als mein Kopf plötzlich neben ihr erschien, aber noch bevor sie ihre Flügel ausbreiten konnte, hatte ich sie schon gepackt und hob sie vom Schrank herunter, indem ich ihre Flügel niederhielt. Schließlich setzte ich sie auf den Tisch. Ich hielt ihre Flügel sanft nieder und redete mit ihr. Es war eine Art Beschwörungsformel, nur ein Summen: „Gufo, Gufo, komm schön, komm …"

Ich nahm die Pinzette und klopfte damit leise an den Schnabel, so wie es der gute alte Brehm vorschrieb, damit die Eule den Schnabel öffnete. Auf mein Klopfen sperrte der Gufo jedoch keineswegs den Schnabel auf, sondern drehte den Kopf zu mir und starrte mich mit weit aufgerissenen gelben Augen an, als wollte er sagen: „Was soll dieser Unsinn, bilde dir nur nicht ein, du könntest mir meine Mutter ersetzen!" Und dann drehte er den Kopf wieder weg.

Ich versuchte es noch einmal, diesmal nicht so heftig, und redete ihm dabei gut zu. Aber er wollte nicht. Der Schnabel blieb zu, und auch mit der Pinzette konnte ich ihn nicht öffnen. Was machte ich denn falsch?

Ich nahm etwas Fleisch in die Pinzette und versuchte es erneut. Nunmehr funktionierte es sofort. Der Schnabel ging gierig auf, und ich stieß die Pinzette mit dem Fleisch hinein. Klapp, ging es und der Schnabel war wieder zu, aber die Pinzette war noch immer drinnen und ich konnte sie nicht herausziehen. Die

Eule hielt sie so fest, als wäre ihr Schnabel eine eiserne Zange. Ich hatte Angst, die Pinzette zu stark zu bewegen, um die Eule nicht zu verletzen. Mir kam plötzlich die Idee, dass Menschen, wenn man sie erschreckte, den Mund aufmachten, und darum versuchte ich es und stampfte einmal ganz fest mit dem Fuß auf. Siehe da, der Schnabel öffnete sich kurz und ich konnte die Pinzette herausziehen.

„Gufo, Gufo", sagte ich leise, während ich ein neues Stückchen Fleisch in die Pinzette klemmte. Als ich ihm leicht auf den Schnabel klopfte, öffnete er ihn kurz. Aber diesmal zog ich die Pinzette rasch heraus, bevor der Hackenschnabel wieder zuklappte.

Der Gufo fraß so gut wie alles, was ich ihm gab, nur den letzten Happen mochte er nicht mehr. Er war eben ein vornehmer Vogel. Ich setzte ihn vorsichtig auf den Schrank. Dort drehte er sich wieder der Wand zu und würdigte mich keines Blickes mehr.

Die Audienz war beendet.

Ich schlich mich aus dem Zimmer und schloss die Tür. Draußen auf der Treppe saßen mein Mann und unsere Freunde und wollten alles über das erste Gufo-Mahl erfahren. Ich war sehr stolz auf meinen Erfolg.

„Wie ist das mit dem Gewölle?", fragte unser Freund, der inzwischen das ganze Kapitel über Eulen gelesen hatte.

„Gewölle? Was ist das?" – „Das weißt du nicht?", hänselte er mich. „Das ist aber sehr wichtig, denn wenn die Eule kein Gewölle hat, geht sie trotz guter Nahrung ein!"

Er zitierte wieder Brehm: Dass eine Eule in der Freiheit sich hauptsächlich von Mäusen ernährte und deshalb mit dem Mausefell irgendwie zurechtkommen musste, weil es ja unverdaulich war. Der Magen verarbeitete die unverdaulichen Stoffe zu einem festen Ball, und dieser wurde dann von der Eule ausgespien. Darum brauchte der Gufo ein Fell, das man ihm zum Fressen dazugab.

Ja, aber woher sollte ich das denn nehmen?

„Wie wäre es, wenn du Pordina fragtest, ob sie Hasenfelle hat? Immer wenn eines ihrer Kaninchen daran glauben muss, fällt doch ein Fell ab. Was macht sie denn damit?"

Pordina war eine Person, die immer alles hatte, denn sie warf nie etwas weg. Deshalb hatte sie auch eine ganze Menge Kaninchenfelle im Schuppen, und unter viel Lachen suchten wir eines heraus, das dem Gufo Appetit machen sollte. Ein dunkelgraues, meinte Pordina, wäre einer Maus am ähnlichsten.

Als ich in Gufos Zimmer trat, bot sich mir ein wildes Spektakel: Die Eule saß am Tisch und zerlegte das Stück Stoff, mit dem ich meinen Arm verbunden hatte, nach allen Regeln der Eulenkunst. Sie war mir zuvorgekommen und hatte sich ihr eigenes Gewölle gemacht – o Wunder der Natur! Ich ließ das Hasenfell auf dem Schrank und verließ das Zimmer. Denn der Gufo war von einer solchen Raubgier befallen, dass er auf dem wehrlosen Stück Stoff herumhackte, als wäre es eine Maus.

Ich wusste, dass der Gufo auch lebendes Futter brauchte, war aber um nichts in der Welt zu bewegen, ihm eine lebende Maus zum Fraße vorzuwerfen, auch wenn ich eine aufgetrieben hätte.

In „Brehms Tierleben" fand ich dann, dass eine Eule auch größere Insekten fraß, wenn sie keine Maus fand, und da fiel mir ein, dass wir in der alten Zisterne eine Menge Heimchen hatten, die dort friedlich an der Mauer wohnten. Ich mochte diese Heimchen, obwohl sie große Ähnlichkeit mit Spinnen hatten, vor denen ich mich ekle. Was war wichtiger, die Heimchen oder die Eule? Das ist eine Frage, die man nicht beantworten kann, denn wie kann man das Leben eines Tieres gegen das eines anderen abwägen? Die Menschen haben sich diese Frage seit jeher sehr leicht gemacht. Was ihnen, den Menschen, nützt, darf leben, und was ihnen schadet, wird umgebracht. Niemand hat noch einen Menschen bestraft, weil er sinnlos Insekten zertreten oder Vögel geschossen hat. Und ich sollte jetzt entgegen meiner Überzeugung dieser Eule ein Dutzend Heimchen opfern?

Es war ein schwerer Entschluss und ich schäme mich für ihn, denn ich entschloss mich gegen die Heimchen und für den Gufo. Ich kehrte die Heimchen mit Besen und Schaufel von der Wand und knirschte dabei mit den Zähnen, was ihnen aber nicht half. Dann lief ich die Treppe hinauf und holte den Gufo vom Schrank. Diesmal war er nicht mehr so abweisend und ließ sich ohne Weiteres angreifen. Er öffnete auch bereitwillig den Schnabel und verschlang die zappelnden Heimchen Stück für Stück mit großem Gusto. Am Schluss ließ ich ihn einen Augenblick los, und schon hüpfte er auf den Boden und verkroch sich schnell in einer Ecke des Zimmers. Ich hatte ihn noch nie laufen gesehen und fand den Anblick sehr spaßig. Er watschelte förmlich wie eine kleine Ente und sah eher fröhlich und putzig aus, nicht so wie vorhin, als er mit Mordgier die Heimchen verschlang. Ich schämte mich für den Heimchen-Mord, aber ich wusste, dass ich ihn in den folgenden Tagen wieder begehen würde.

Sechs Tage lang habe ich den Gufo betreut, habe ihm Fleisch und Heimchen gebracht und immer wieder mit einer Pipette Wasser eingeträufelt. Dann, eines Tages, am sechsten Tag genau, flog er im Zimmer herum und saß gegen Abend am Fenster. Am siebenten Tag fraß er das Fleisch schon allein von der Schüssel und zerlegte sein Hasenfell in mustergültiger Weise. Da entschieden wir, dass es an der Zeit war, ihn freizulassen, und so öffneten wir am Abend ein Fenster.

Am nächsten Tag saß der Gufo noch immer beim offenen Fenster, als ich in sein Zimmer kam. Er sah hinaus, ganz so, als wäre die Fensterscheibe noch da, die ihn am Fortfliegen hinderte. Als er mich sah, hüpfte er mir entgegen und stürzte sich auch gleich auf den Teller mit dem Fleisch. Ich konnte kaum meine Hand in Sicherheit bringen.

Ich sah ihm lange zu, wie er gierig alles verschlang. Kaum aber war der Teller leer, da hob er auch schon die Flügel und flog mit ein paar kurzen Schlägen hinauf auf den Schrank.

Es war höchste Zeit, dass er sich selbstständig machte. Trotz seiner Wildheit, ja vielleicht gerade wegen dieser Wildheit, hatte ich ihn ins Herz geschlossen. Ich hatte Angst um ihn. Wie wird er sich zurechtfinden da draußen, wo der Konkurrenzkampf so groß war? Wie wird er wissen, wie man eine Maus fängt? Weiß er das aus Instinkt, oder muss die Eulenmutter die Jungen erst ins Jagen einführen? Leider stand nichts darüber in „Brehms Tierleben". Armer Gufo. Aber vielleicht war alles viel leichter, als ich mir das vorstellte. So tröstete ich mich.

Als ich sein Zimmer verließ, wusste ich, dass ich ihn nicht mehr wiedersehen würde. Ich drehte mich an der Schwelle nochmals um. Da hob er den Kopf und blickte mich scharf an. Ein fremder Blick, kalt und unverständlich für mich.

Morgen wirst du weg sein, dachte ich, und alles wird für dich so sein, als wäre diese Episode nicht gewesen und als hätte ich in deinem Leben nie eine Rolle gespielt. Das ist gut so.

In dieser Nacht gab es ein schreckliches Gewitter, und wir dachten schon, dass der Gufo uns noch einen Tag erhalten bliebe. Aber am Morgen war sein Zimmer leer. Für ein paar Tage hatte ich das Gefühl gehabt, diesen wilden Vogel zu besitzen – wie lächerlich, dass wir Menschen immer alles besitzen wollen, wo man doch gar nichts besitzen kann, rein gar nichts. Alles ist einem nur geliehen – für eine kurze Zeit.

Einbrecher

Chi non ha il gatto mantiene i topi e chi l'ha mantiene i topi e il gatto.
Wer keine Katze hat, der hat Mäuse, und wer eine hat, der hat Mäuse
und die Katze.

In der Nacht rumorte es. Lärm. Über unseren Köpfen auf dem
Dachboden. Einbrecher! Wer könnte es sonst sein. Ich tat das
Unvernünftigste, das man in einem solchen Fall tun kann. Ich
nahm eine Taschenlampe, erklomm leise die Stiege zum Dachboden und wollte die Einbrecher überraschen. Vor der Bodentüre
angekommen, hörte ich es noch deutlicher, die machten da drinnen einen ganz ordentlichen Lärm.

Also die Türe aufgesperrt, aufgerissen und mit der Taschenlampe hineingeleuchtet in den Dachboden. Da war kein Mensch.
Im gleichen Moment aber sah ich auf dem Fußboden mehrere
Ratten auf mich zulaufen. Erschreckt durch mich und das Licht,
wollten sie offenbar durch die Türe davonlaufen und rasten auf
meine nackten Füße zu. Dort angekommen, bremsten sie mit
allen vier Pfoten – so wie die Tiere in Walt Disneys Zeichentrick-
filmen bremsen. Das war so komisch, dass ich lachen musste,
und wie in Disneyfilmen, machten die Ratten nach der Notbrem-
sung einen Salto nach rückwärts und liefen zurück in den Dachboden. Das war's fürs Erste.

Der Einbruch war aufgeklärt. Nicht aber, wieso die Ratten –
waren es wirklich Ratten? – auf dem Dachboden gelandet sind.
Und was sie da getrieben haben, immerhin hatten sie ja einen er-
heblichen Lärm gemacht.

Auf der Suche nach den Antworten gab es gleich zwei
Überraschungen. Die erste erfuhren wir aus einem Toskana-

Buch, in dem auch den Tieren der Region ein Kapitel gewidmet war.

Schon in römischen Zeiten fuhren auf den Schiffen, die den Weizen aus dem ägyptischen Nildelta nach Italien brachten, um die Römer und ihre Legionen zu ernähren, ägyptische Ratten als blinde Passagiere mit. Seither wanderten sie gegen Norden und erreichten eines Tages auch die Toskana. Und so werden sie auch heute noch als „Ägyptische Wanderratten" bezeichnet. Sie seien kleiner als die europäischen Ratten, auch seien ihre Schwänze nicht nackt, sondern behaart. Die Toskaner nennen sie liebevoll „Topi tettaioli", also Dachmäuse. Denn sie bevölkern nicht die Keller der Häuser, sondern deren Dachböden, wo sie allerdings genügend Unfug treiben. Das konnte ich sofort bestätigen. Und zwar nicht nur aufgrund der Art, mit der sie mir begegnet waren, sondern weil wir bei Tageslicht nun feststellen konnten, was sie auf dem Dachboden getrieben hatten.

Wie schon erwähnt, hängen die Bauern – und auch wir – einen Teil der Weintrauben auf dem Dachboden zum Trocknen auf, um dann aus den Rosinen den Saft zu pressen, aus dem sie – und wir – den Vin Santo machen. Dazu wird der Rosinenmost in ein kleines Eichenfass geleert und dieses fest verschlossen. Der Verschlusspfropfen wird einzementiert, um die Gärgase nicht entweichen zu lassen. Das Fass wird dann mindestens ein Jahr lang direkt unter dem Dach gelagert, um im Sommer der Hitze und im Winter der Kälte ausgesetzt zu sein. Je länger, desto besser wird der Vin Santo. Der Sherry, den die Spanier machen, wird auf ähnliche Weise erzeugt, allerdings in größeren Fässern, die auf Schiffen nach Neuseeland mitgenommen und nach Spanien zurückgebracht werden. Zwei Mal werden sie solcher Art der Hitze am Äquator und der Kälte im Norden und im Süden ausgesetzt.

So hatten auch wir unseren ersten Vin Santo im Eichenfass auf dem Dachboden gelagert, und das hatte sich offenbar unter den Topi tettaioli herumgesprochen. Jedenfalls hatten sie unser Eichenfass aufgespürt und wollten an den süßen Wein herankommen. Zunächst auf die übliche Art: Sie hatten den hölzernen Spund komplett abgenagt. Doch weiter kamen sie nicht. Der im Holz festsitzende Spund widerstand ihren Zähnen. Doch sie gaben nicht auf, ging's nicht so, musste es anders gehen.

Deutlich konnten wir es nun sehen: Die Schlaumeier hatten entlang eines der eisernen Ringe, die das Fass zusammenhalten, ein Rille genagt, an einer Stelle so tief, dass sie tatsächlich an den Wein herankamen. Durch das entstandene kleine Loch tropfte der Vin Santo auf den Fußboden.

Der Rest war leicht zu erraten: Sie schleckten den Wein, betranken sich und begannen in diesem Zustand auf dem Dachboden zu tollen, und das gar nicht leise.

Das Vin-Santo-Fass wurde von uns geleert und mit dem abgenagten Spund und der tiefen Rille samt Loch unseren staunenden Nachbarn vorgeführt. Sie alle kannten die Topi tettaioli, aber dergleichen hatten ihre Topi noch nie aufgeführt. Im Übrigen haben die unsrigen uns offenbar bald wieder verlassen, nachdem wir ihnen den Wein entzogen hatten. Und sie kamen auch nicht wieder zurück.

Einmal wurde in unser Haus doch eingebrochen, während unserer Abwesenheit.

Auch dieser Einbruch entbehrte nicht einer gewissen Komik. Denn die Einbrecher hatten offensichtlich das Gleiche im Sinn wie die Topi tettaioli. Recht unprofessionell stemmten sie die Eingangstür auf und – so der erste Eindruck – gingen geradewegs auf unseren Getränkeschrank zu. In dem befanden sich offene und noch einige geschlossene Flaschen mit Schnäpsen, Likören, Aperitifs, Digestifs. Es musste sich um mehrere Einbrecher gehandelt haben, denn alle Flaschen fanden wir geöffnet, teilweise geleert und im Zimmer verstreut vor. Eindeutig: Die hatten hier ein großes Gelage veranstaltet. Zunächst schien es so, als hätten sie nichts gestohlen, weder Laden noch Kästen waren geöffnet worden. Im Haus gab es kein Bargeld, aber es hatte auch sichtlich niemand danach gesucht. Also ging es den Einbrechern nur um den Alkohol?

Erst am nächsten Tag stellten wir fest, dass uns zwei Reiseschreibmaschinen fehlten. Natürlich meldeten wir den Einbruch der Polizei.

Die Polizisten begutachteten den Schaden an der Türe und die halb geleerten Flaschen und nahmen zur Kenntnis, dass zwei Schreibmaschinen fehlten. Allerdings keine hierzulande üblichen, denn die eine hatte ich in Spanien gekauft, die andere in den USA. Die eine verfügte über eine spanische, die andere über eine englische Tastatur. Wir gaben das an, dachten aber nicht, dass sich die Polizei wegen eines so geringen Schadens weiter um den Fall kümmern würde. Doch weit gefehlt: Nach zehn Tagen kamen die Polizisten und – brachten uns die beiden Schreibmaschinen. Die Täter seien festgestellt und hätten gestanden. Das war alles. Wer sie waren und wie sie von der Polizei ausfindig gemacht worden waren, darüber wollten sie nicht Auskunft geben. „Un segreto di polizia", meinten sie nur kurz, das sei ein Geheimnis der Polizei.

Anzunehmen war natürlich, dass die Täter versucht hatten, die Schreibmaschinen in einer Pfandleihanstalt zu versetzen, und diese dürfte von der Polizei routinemäßig von dem Diebstahl und den fremden Tastaturen verständigt worden sein. Fast ein Jahr später erhielten wir eine Vorladung zum Gericht. Unsere Einbrecher waren angeklagt, und wir sollten als Zeugen einvernommen werden. Wer waren die Täter? Fünf Jugendliche „aus gutem Haus", wie es hieß, die ein Abenteuer erleben wollten und die Schreibmaschinen als Beweis ihrer Tat mitnahmen, um ihren Freundinnen und Freunden zu imponieren, allerdings wollten sie sie dann doch auch zu Geld machen. Wir fragten, ob wir tatsächlich aussagen müssten. Eigentlich nicht, die Täter seien voll geständig. Das war uns nur recht.

La fortezza

Quel ch'è disposto in cielo, convien che sia.
Was im Himmel beschlossen ist, muss man hinnehmen.

Sie ist nicht immer lieblich, die Landschaft der Toskana. Obwohl sie so viele Menschen entzückt hat, so viele Dichter inspiriert, so viele Maler und Bildhauer Kunstwerke von einmaliger Schönheit schaffen ließ. Geht man aber der toskanischen Geschichte nach, so zieht sich durch sie eine breite Blutspur. In kaum einer anderen Gegend Europas wurde so viel gekämpft, stand jede Stadt gegen die andere, konnte kein Fürst einen anderen Fürsten dulden. Lieblich sehen sie aus, die Dörfer hoch oben auf den toskanischen Hügeln. Aber die Menschen haben nicht freiwillig Stein um Stein die schmalen, steilen Wege hinaufgetragen, und sie haben ihre Häuser auch nicht der schönen Aussicht wegen stets auf der äußersten Spitze dieser Hügel und Berge erbaut. Sie haben Schutz gesucht da oben, Schutz vor den die Täler entlang ziehenden Kriegern.

Die Kriegsherren selbst aber bauten sich Burgen, genau genommen Festungen. Fensterlos sind ihre Fassaden, Schießscharten krönen die steilen, bedrohlichen Mauern. Eine dieser Festungen steht außerhalb von Lucca in der Versilia. Heute ist sie eine Sehenswürdigkeit. So lässt schon ihr äußerer Anblick erahnen, welche Bedrohung von diesen Mauern ausgegangen sein muss. Erst recht, wenn man über eine Zugbrücke und ein dreifach gesichertes Tor in den Hof dieser Festung gelangt.

An die 1000 Krieger fanden hier Platz, für die damalige Zeit eine gewaltige Zahl. Es gibt in dieser Festung nur ein einziges Zimmer, hier war der Kommandant zu Hause. Die Soldaten selbst und ihre Anführer fanden Platz in riesigen dunklen Kasematten, feuchten, fensterlosen Gewölben. Der Kommandant hat seinen Soldaten – oder Offizieren? – offenbar nicht immer getraut. Sein Zimmer ist über einen Gang erreichbar, in dessen Mitte sich eine Falltür befindet. Wenn sie nicht gesichert ist, gibt sie nach, sobald jemand seinen Fuß auf sie setzt, und öffnet sich nach unten. Der Mann, der die heutigen Besucher durch diese Festung führt, löst den Mechanismus dieser Falltür aus. Was die Besucher zu sehen bekommen, lässt sie schaudern: In etwa zehn Meter Tiefe starren ihnen Eisenspitzen entgegen, die jeden, der da hinunterfiele, mehrfach durchbohren würden. So also hat sich der Kommandant geschützt, während er selbst über einen unterirdischen Gang nicht nur sein Zimmer heimlich verlassen, sondern sogar aus der Festung entkommen konnte.

In dieser Festung hatten wir eine uns beeindruckende Begegnung. Eine Gruppe von Besuchern besonderer Art war gerade mit der Falltür und den Eisenspitzen konfrontiert worden, die unter dieser Tür auf ungebetene Gäste lauerten. Nun standen sie im Hof, etwa 20 Burschen und Mädchen, vor ihnen offenbar eine Lehrperson, die in Taubstummensprache übersetzte, was der Führer erzählte. Und er erzählte soeben vom Sinn und Zweck der Falltür und der Eisenspitzen. Die Lehrperson übersetzte in Zeichensprache. Und als sie gerade dieses übersetzt hatte, verzerrten sich die Gesichter dieser jungen behinderten Menschen, die unfähig waren, sich zu artikulieren. Einige von ihnen stießen dumpfe Schreie aus, andere fingen an zu weinen. Dann begannen sie einander zu trösten, einige umarmten sich, andere hielten einander an den Händen fest.

Der Führer war außer sich. Einen derartigen Ausbruch von Emotion hatte er nicht erwartet. Hilfe suchend wandte er sich der Lehrerin zu. Die war völlig ruhig geblieben. Sie kannte ihre Schützlinge, und in einem sachlichen Ton erklärte sie: Diese Kinder kennen ihr Schicksal, sie sind taubstumm und zum Teil geistig behindert. Jeder gesunde Mensch ist für sie wie ein Wunder.

Die Vorstellung erschüttert sie zutiefst, dass jemand durch die Tat anderer Menschen auf so schreckliche Weise umgebracht werden kann. Dann setzte die Lehrerin ihr stummes Gespräch mit ihren Schützlingen fort. Aber es gelang ihr erst nach einiger Zeit, sie halbwegs zu beruhigen. Sie waren aus einer Anstalt in Bologna gekommen, mit dem Autobus waren sie unterwegs auf einem Ausflug durch die Toskana.

Am Abend dieses Tages saßen wir in der kleinen Espressobar auf der Piazza unseres Dorfes. Wir waren noch immer tief beeindruckt von der Begegnung mit den behinderten Kindern. Wir kennen nicht viele Menschen in dem Dorf, wir kommen relativ selten hier herauf. Aber am Abend kommt fast jeder an der kleinen Espressobar vorüber, steckt den Kopf herein, begrüßt, wen er kennt, sagt Ciao und geht. So auch an diesem Abend. Und einige kannten uns und wir sie. Da sie uns fragten, wie es uns ginge, erzählten wir ihnen, was wir in der Festung erlebt hatten. Aber sie waren weder erstaunt, noch zeigten sie sich sonderlich beeindruckt. Damit, so meinten sie, lebten sie hier im Dorf täglich. Wie sie das meinten? Am Abend ist die Piazza der Ort, an dem man einander trifft, miteinander redet und sich zueinander setzt auf die Bänke unter den Bäumen, die den Platz umsäumen. Einer unserer Gesprächspartner zeigte mit einer ausholenden Handbewegung hinaus auf die Piazza. Ob wir die Kinder sähen, die da draußen spielten? Ja, und was hätte es mit ihnen auf sich?

Zwei davon seien behindert, geistig behindert. Sie könnten sich nicht artikulieren, sich kaum richtig bewegen, aber sie versuchten es, und mit Anstrengung gelänge es ihnen auch. Sie wären jetzt etwa zehn, zwölf Jahre alt. An keinem einzigen Tag ihres Lebens seien sie in irgendeiner Anstalt gewesen. Sie seien im Dorf aufgewachsen wie jedes andere Kind auch. Alle anderen Kinder hätten sie stets so akzeptiert, wie sie sind. Vielleicht mit dem Unterschied, dass die anderen Kinder doch immer danach trachteten, sie auch an den Ball kommen zu lassen, den sie sich nicht wie die anderen erlaufen oder erkämpfen konnten. Sie gingen auch wie alle anderen Kinder zur Schule, in dieselbe Schule wie die anderen. Sie könnten zwar nicht dem Unterricht folgen und auch keine Aufgaben lösen, aber sie gingen so gern in diese Schule wie kaum eines der anderen Kinder. Für sie sei die Schule ein wichtiger Bestandteil ihres Lebens. Ja gewiss, sie freuten sich jeden Tag auf die Schule, und es sei leicht zu verstehen, weshalb: Weil ihnen der Aufenthalt in der Schule das Gefühl gäbe, so zu sein wie die anderen.

So zu sein wie die anderen, das ist das Gefühl, das ihnen das ganze Dorf gibt, dabei habe nie jemand den Menschen hier einen pädagogischen Vortrag gehalten, ihnen psychologische Ratschläge gegeben. Die Menschen hier hätten einfach so gehandelt, wie sie meinten, dass es richtig wäre. Und darum hätten sie diese beiden Kinder nicht merken lassen, dass sie anders wären als die anderen. Und obwohl man sich vorstellen könnte, dass die Eltern dieser Kinder diese Haltung der übrigen Dorfbewohner mit besonderer Dankbarkeit aufnähmen, so habe nie jemand diesen Dank erbeten und er sei, soweit sie es wissen, schon deshalb gar nicht angeboten worden. Aber es sei schon möglich, dass diese beiden Kinder durch ihr Dasein die Menschen hier daran erinnerten, dass sie selbst dem Schicksal dankbar zu sein hätten, und das jeden Tag.

Die Begegnung in der Festung und das Gespräch auf der Piazza liegen nun schon einige Zeit zurück. Doch wir haben die beiden behinderten Kinder seither nicht aus den Augen verloren. Vor Kurzem suchte eine Schuhfabrik unten im Tal neue Arbeitskräfte. Man war bereit, junge Leute anzulernen. Einige Burschen und Mädchen aus dem Dorf meldeten sich und wurden aufgenommen. Jeden Morgen fahren sie mit dem Autobus zur Arbeit, und jeden Morgen fahren die beiden behinderten Kinder mit ihnen mit. Das hatten sich die anderen erbeten, und in der Fabrik hatte man zugestimmt. Und hat sogar eine einfache Arbeit für die Behinderten gefunden, die sie, wenn auch langsam, so doch gewissenhaft verrichten. Wie die anderen bekommen sie auch Geld dafür, wenn auch weniger.

Das heißt nicht, dass die Menschen hier alle gut wären. Vermutlich sind sie kaum besser als anderswo. Aber sie sind realistischer und deshalb praktischer als anderswo. Was ist, das ist, und das ist so zu akzeptieren, darauf hat man sich einzurichten, damit hat man fertig zu werden. Und jeder wird mit seinem Los besser fertig, wenn es von anderen mitgetragen wird. In der kleinen Gemeinschaft hier oben ist man stärker aufeinander angewiesen als die Menschen unten in den Tälern, in den Städten. Deshalb waren ja ihre Vorfahren hier heraufgezogen – um sich zu schützen. Das steckt noch in vielen Menschen hier oben, ein Urinstinkt. Und im Unglück rücken sie zusammen. Natürlich zuerst die Familie, und die ist meist groß. Aber auch das Dorf, wenn das Unglück zu tragen selbst für eine Familie zu schwer ist.

Die Katze

Pigliar ventaggio, cosa da saggio.
Die Gelegenheit zu nützen ist Sache des Weisen.

Sie hätten kein Verständnis für Tiere, heißt es, die Italiener, auch nicht unsere Toskaner. Das zeige sich am deutlichsten zu Ferragosto im August, der Tag, an dem in ganz Italien die Ferien beginnen. Hunderttausende brechen auf in den Urlaub, unter Mitnahme von Kind und Kegel, aber nicht immer unter Mitnahme der Haustiere. Hunde etwa würden in dieser Zeit zunächst mitgenommen und dann weit weg von zu Hause ausgesetzt. Viele finden dennoch wieder nach Hause und treffen dort zwar mit wunden Pfoten, aber ohne nachtragend zu sein gerade zu dem Zeitpunkt ein, an dem auch ihre Besitzer vom Urlaub zurückkehren. Aber viele finden auch nicht mehr heim.

In der Tat gibt es gerade in der Sommerzeit in der Toskana viele streunende, ihren Heimweg nicht mehr findende Hunde. Das ist wahr, und das ist sehr traurig. Aber ebenso wahr ist, dass viele dieser Hunde früher oder später ein neues Zuhause finden. Wie oft wurde uns bei Besuchen gesagt, dass der vorhandene Haushund zugelaufen war oder man ihn auf der Straße gefunden und mitgenommen habe. Es scheint fast so, als würde vom Sommer zum Herbst ein großer Hundeaustausch stattfinden. Das führt zu einem merkwürdigen Verhältnis zwischen den Menschen und ihren Hunden. Sie lieben sie und werden von ihnen geliebt, aber doch mit einer gewissen Distanz.

Unser Bonzo ist ein ungemein lieber und anhänglicher Hund, aber er betritt nur selten unser Haus. Sein Reich ist der Hof, der Olivenhain. Von allein läuft er nie davon. In der Regel folgt er auch aufs Wort. Und doch geht er des Abends oft aus, besser gesagt, er wird abgeholt. Eine Meute von vier bis sechs Hunden zieht bei Einbruch der Nacht an unserem Haus vorbei, und Bonzo schließt sich ihnen an. Sie sind nachtaktiv. Manchmal hört man sie von weit her heulen, wenn sie gerade ein Haus umlagern, in dem sich eine läufige Hündin befindet. Und zornig bellen und jaulen sie, wenn sie mit fremden Hunden kämpfen. Dann kommt Bonzo mit einigen Wunden heim. Er weiß seine Freiheit zu schätzen, und wir gönnen sie ihm. Mensch und Tier nehmen einander nicht so vollständig in Besitz wie in nördlichen Breiten. Und darum gibt es auch keine allzu große Empörung über ausgesetzte Hunde oder Katzen. Wenn sich in einem Wurf sieben oder acht Welpen befinden, die Hundemutter aber nur sechs von ihnen ernähren kann, dann wird das siebente und achte Hundekind meist auch ausgesetzt. Das gibt ihm eine gewisse Chance zu überleben, nämlich gefunden und mitgenommen zu werden. Eine Chance, die jungen Hunden und Katzen in anderen Breiten, besonders von der bäuerlichen Bevölkerung, meist nicht gegeben wird. Mitunter wird diese Chance sogar mit Nachdruck herbeigeführt.

Wir befanden uns in Florenz in einem Espresso und schlürften unseren Cappuccino. Mit uns waren etwa zehn weitere Gäste anwesend. Ein Mann kam herein und hielt einen Sack in der Hand. Mitten im Lokal nahm er Aufstellung, öffnete den Sack, holte ein Katzenbaby heraus, ein entzückendes Kätzchen. Im Nu hatte er die Aufmerksamkeit aller Gäste erregt. Er setzte das Kätzchen auf seine flache Hand und rief: „Ist es nicht niedlich?" Die Gäste stimmten fröhlich zu. „Und dennoch muss es sterben", sagte der Mann mit todernster, fast tränenerstickter Stimme. Rufe der Empörung waren die Antwort. Einige der Gäste traten vor und begannen das Kätzchen zu streicheln. Warum soll es sterben? „Weil ich schon zu viele Katzen habe und keine weitere mehr haben kann, sonst kündigt mir meine Frau die Liebe!" Und was wird nun geschehen? „Ich werde dieses

Kätzchen wieder in diesen Sack stecken und einen Stein dazu, werde den Sack zubinden und in den Arno werfen."

Die Vorstellung, dass das Kätzchen in dem Sack und mit dem Stein in den Fluten des Arno untergehen und jämmerlich ertrinken würde, löste Schreckensrufe und Protest aus: „Nein, nein, das dürfen Sie nicht tun!" – „So, das darf ich nicht tun? Was soll ich dann tun?" Aber da hatte keiner der Gäste eine Antwort, so sehr sich der Mann auch im Kreise umblickte und auf eine Antwort wartete. „Nun, dann …", sagte er entschlossen, nahm das Kätzchen und schubste es wieder in den Sack. Nochmals Rufe der Empörung, Proteste. Wiederum sah sich der Mann im Kreise um. Und so kamen wir zu unserer Katze. Es war unsere zweite. Die erste hatte man uns ein paar Monate zuvor nächtens vor die Tür gesetzt. Richtig. Wer noch nicht hat, der hat zu haben.

Beide Katzen haben nie große Ansprüche gestellt. Beide wurden nie Hauskatzen im eigentlichen Sinn. Sie waren oft unterwegs, fingen Mäuse und leider auch manchmal Eidechsen und sogar Vögel. Sie waren durchaus in der Lage, sich allein zu ernähren. Aber sie kamen immer gern zum Haus und im Unterschied zu Bonzo auch ins Haus. Nichts schien für sie schöner zu sein, als auf einem Sofa in der Nähe eines offenen Kaminfeuers zu schlafen. Aber sie nahmen es uns auch nie übel, wenn wir sie wochenlang allein ließen – schon umsorgt und gefüttert von der Nachbarin. In unserem Verhältnis zueinander gab es eben nicht nur gegenseitige Liebe, sondern auch Achtung vor der Freiheit des anderen.

Das Offerte

È buon donare la cosa che non si può vendere.
Es ist besser, herzuschenken, was man nicht verkaufen kann.

Da gab's die Sache mit den Hunden. Der Hund unseres Nachbarn, genauer gesagt seine Hündin, lag eines Tages hochträchtig
unter unserem Lorbeerbaum und wich nicht mehr von der Stelle.
Zwei Stunden später hatte sie sechs kleine Hündchen auf die
Welt gebracht. Wir verständigten den Nachbarn. So entzückend
die Tiere auch waren, so gehörten sie doch nicht uns. Der Nachbar kam, um sie zu holen. Er erschien mit einem Sack. Entsetzt
fragten wir, ob er die Hunde in dem Sack mitnehmen wolle. Ja,
das wolle er, und dabei werde er sie auch gleich erschlagen, denn
niemand brauche diese Tiere. Er kenne das schon, acht Wochen
Plage und Futter, und dann sei niemand bereit, einem die Hunde
abzunehmen. Wir protestierten, und das mit sofortigem Erfolg:
„Wenn Ihnen so viel an den Hunden liegt, dann behalten Sie sie
doch!" Und Lea, wie die Hundemutter hieß, die könne auch
gleich hierbleiben. Und damit hatte Lea offenbar gerechnet, deshalb war sie zu uns gekommen und hatte ihre Jungen hier zur
Welt gebracht. Lea war eine überaus kluge Hündin.

Die sechs Hundekinder wuchsen bei uns auf. Ihre Mutter
war ein Setter, der Vater war uns zwar nicht bekannt, dürfte aber
ein Pointer gewesen sein. Die Mischung ergab sechs ganz besonders drollige Hündchen, die gewiss zu guten Jagdhunden
heranwachsen würden. Und Jagdhunde sollten in dieser Gegend
immer gefragt sein, ist doch hier, wie an anderer Stelle geschildert, so gut wie jeder Bauer ein Hobbyjäger. Aber wie bringt man
die Hunde an den Mann? Nichts einfacher als das. Wenn die

Hunde sechs Wochen alt waren, würden wir sie nach Benevento auf den Wochenmarkt bringen. Hunderte Menschen tummeln sich auf diesem Markt, der jeden Donnerstag stattfindet. Unter diesen Hunderten würden sich doch sechs finden, die diesen herzgewinnenden Hündchen nicht widerstehen konnten! Aber wir hatten uns geirrt. Fünf Stunden lang offerierten wir die Hunde auf dem Markt, stets umringt von vielen Menschen, die die Hunde bewunderten und mit ihnen spielten. Die Leute fragten auch nach dem Preis und waren erstaunt, dass sie nichts kosteten. Und doch wurde uns nur ein Einziger abgenommen. Mit den übrigen fünf kehrten wir nach Hause zurück.

Zwei Tage später versuchten wir es auf dem Samstagmarkt im nächsten Ort. Zunächst war es hier nicht anders. Viele Menschen, die die Hunde streichelten und mit ihnen spielen wollten, aber niemand war bereit, sie uns abzunehmen. Plötzlich stand der Carabiniere vor uns. Ich sage „der" Carabiniere, denn es ist der Carabiniere, der jeden Samstag auf dem Markt auf Ordnung zu sehen hat. Jeder kennt ihn, und er kennt jeden. Uns kannte er noch nicht. Streng fragte er, was wir hier täten, ob wir die Hunde verkauften und ob wir für den Verkauf eine Lizenz hätten. Wir versicherten ihm, dass wir die Hunde nicht verkaufen wollten, wir wollten sie hergeben, verschenken. Wie viele wir schon verschenkt hätten? Einen vor zwei Tagen, und nun stünden wir schon wieder eine Stunde hier, ohne dass uns jemand einen Hund abgenommen hätte. Die Sache sei offenbar hoffnungslos (und als hoffnungslos hatte ja schon unser Nachbar die Zukunft dieser Hunde betrachtet). „Hoffnungslos?", sagte der Carabiniere, „das werden wir gleich sehen! Kommen Sie, und nehmen Sie die Hunde mit!"

Waren wir arretiert? Würden wir zur Wachstube gebracht? Etwas ganz anderes geschah. Der Carabiniere ging mit uns von Marktstand zu Marktstand und sprach jeden der Händler an, die da ihre Waren feilboten. Fast jeden kannte er mit Vornamen, und von fast jedem kannte er auch dessen Lebensumstände.

„Riccardo, du bist doch ein Jäger, hast du einen Hund?" Riccardo, der hier auf dem Markt billige Hosen und Jacken verkaufte, druckste herum. „Nein, aber ..." – „Was heißt hier aber", meinte der Carabiniere mit strenger Stimme, „ein Jäger braucht einen Hund, also brauchst du einen Hund. Such dir einen aus!"

Riccardo hielt dem Carabiniere noch stand, er nahm uns keinen Hund ab. Aber drei Stände weiter waren wir den ersten Hund los. Inzwischen hatte sich eine kleine Menschenmenge um uns angesammelt und zog mit uns von Stand zu Stand. Wie der Carabiniere die Händler zur Abnahme eines Hundes zu zwingen versuchte, belustigte die Menge. Und bald begannen einige der mitziehenden Schaulustigen den Carabiniere verbal zu unterstützen. Als etwa der Carabiniere sagte: „Maurizio, erzähl mir nichts, du hast zwar einen Hund, aber der muss schon zwölf Jahre oder älter sein, und du hast auch einen Garten. Du brauchst einen neuen Hund, und du kannst ihn dir auch leisten. Nimm dir eine kleine Hündin, dann ist der alte nicht eifersüchtig ..." Und schon hieß es aus der Menge: „Was, einen Garten hat er und will keinen Hund! – So eine süße kleine Hündin, die müssen Sie einfach nehmen!" Es dauerte nicht lange, da hatte der Carabiniere alle Hunde angebracht. „Na, sehen Sie", sagte er, „und Sie meinten, die Sache wäre hoffnungslos."

Wir waren gerade dabei, uns bei ihm zu bedanken, da kreischte eine Stimme neben uns: „Das geht nicht, das geht nicht!" Es war eine alte Frau, recht fragil und gebückt, auf einen Stock gestützt. Sie sah uns vorwurfsvoll an, und plötzlich herrschte eine sonderbare Stille auf dem Markt. „Ihr habt die Hunde hergeschenkt?! Und die haben sich die Hunde schenken lassen?! Das geht nicht! Das bringt Unglück! Niemand darf sich ein lebendes Wesen schenken lassen! Lebende Wesen sind Wesen Gottes!"

Wir waren verdutzt, auch der Carabiniere wusste offenbar nicht, wie er sich verhalten sollte. Aber die alte Frau bekam sofort Unterstützung. „Sie hat recht, sie hat recht!", hörten wir von vielen Seiten. „Und, Signora, was schlagen Sie vor?", fragte der Carabiniere. „Ein Offerte, ein Offerte!!", rief sie. Eine Spende? Welche Art von Spende? Aber der Carabiniere hatte verstanden. Alle, die von uns einen Hund bekommen hatten, wurden durch Zuruf herbeigeholt und, angeführt von der alten Frau, steuerten wir nun auf die Kirche zu, die sich auf dem Platz ganz in unserer Nähe befand. Wir wussten noch immer nicht, was unter Offerte zu verstehen war. Aber dann begriffen wir: Jeder, der einen Hund von uns erhalten hatte, musste in der Kirche eine Kerze kaufen und sie anzünden. Das war also eine Opferspende. Lebendige Wesen, Gotteswesen – eine Kerze für den lieben Gott. Wir entzündeten eine Kerze für den Carabiniere, der draußen vor der Kirchentür geblieben war. Als wir aus der Kirche kamen, sahen wir ihn nicht mehr. Wir hätten ihm gern „Grazie" gesagt.

Glaube und Aberglaube

Triste è colui, chi crede troppo o chi crede mai.
Traurig ist, wer an zu viel glaubt oder an gar nichts.

Weihnachten, erstmals in unserem Haus. Zunächst sieht Weihnachten hier beinahe so aus wie bei uns. Die Straßen in Festbeleuchtung, die Geschäftslokale umringt von Lichtgirlanden. Alles etwas bunter, alles etwas bewegter, die Lichter flackern in allen Farben. Aber dann kommt's: Weihnachtsbaum? Das Absägen von Tannen und Fichten für Weihnachtszwecke ist gesetzlich verboten. Wer dennoch einen Weihnachtsbaum haben will, muss ihn in der Baumschule kaufen, mit den Wurzeln, fest in Erde verpackt (seit Kurzem erhält man ihn auch in großen Supermärkten, bezogen von der Baumschule). Wer will, kann sich dann den Baum in einem großen Topf ins Zimmer stellen, besser aber, man pflanzt ihn im Vorgarten vor dem Haus ein. Dort stehen sie auch, die Weihnachtsbäume, fast bei jedem Haus in unserem Dorf, und die meisten von ihnen stehen dort schon seit vielen Jahren, werden immer größer und Jahr für Jahr mit mehr bunten Lichtgirlanden geschmückt. Der Weihnachtsbaum in der Wohnung ist eine Seltenheit, daher gibt es auch keine Christbaumkerzen oder gar Kerzenhalter zu kaufen.

Der Weihnachtsabend ist ausschließlich ein religiöses Fest, und man geht oder geht auch nicht zur Mitternachtsmette. Alle Vorbereitungen gelten dem Christtag, der als Familienfest gefeiert wird, mit großem Aufwand an kulinarischen Köstlichkeiten. Drei bis vier Stunden lang wird da gegessen, vor allem aber geplaudert, denn nur selten finden sich alle Verwandten an einem Tisch vereint. Geschenke gibt es zu Weihnachten nicht, sondern erst am Tag der Heiligen Drei Könige am 6. Januar. Was auch ganz logisch scheint, denn es waren diese Könige, die Geschenke in den Stall von Bethlehem brachten.

Und es war am 6. Januar, da lud uns die Frau des Baumeisters, Giuliana, ein, doch mit ihnen zur Befana ins Dorf zu kommen. Befana? Was war das? Ein Fest? Wir hatten das Wort noch nie gehört, waren also neugierig, was da zu erwarten war. Auf dem Kirchplatz hatten sich schon viele Leute versammelt, vor allem Kinder. Spannung lag in der Luft, die Kinder liefen aufgeregt zwischen Eltern und Großeltern hin und her und schauten immer wieder neugierig in die enge Gasse, die zum Kirchplatz führt. Was sie von dort erwarteten, war offensichtlich die Antwort auf die Frage: Was ist die Befana?

Plötzlich hörten wir leises Glockengeläute, und mit einem Schlag verstummten alle Anwesenden, Erwachsene wie Kinder. Dann vernahmen wir das Rattern eines Karrens, das immer lauter wurde. Dieser Karren erschien, von einem Esel gezogen. Auf dem Karren saß eine Frau, als alte Hexe verkleidet. Sie hatte eine Peitsche in der Hand, die sie aber nur in der Luft schwenkte. Hinter ihr auf dem Karren lag ein Berg bunter Geschenkpakete und zwischen ihnen ein kleiner Bub. Als der Karren stehen blieb, brach ein Pandämonium aus. Die Kinder stürmten zu dem Karren, umringten ihn und begrüßten die alte Hexe. Das also war die Befana. Diese zeigte sich als gutmütige Hexe, umarmte jedes Kind, das zu ihr auf den Karren stieg. Dann reichte der kleine Bub der Befana die Geschenkpakete, eines nach dem anderen, und rief die Namen aus, die darauf standen. Ein Kind nach dem anderen wurde nun von der Befana beschert. Die Aufregung nahm immer mehr zu, und man hatte das Gefühl, dass die noch nicht Beschenkten Angst hatten, vergessen zu werden. Aber schließlich wurden alle Erwartungen erfüllt.

Während die Kinder nun ihre Geschenke auspackten, band die Befana ihren Esel samt Karren an eine Säule am Eingang der Kirche und stieg die Stufen hinauf, die zur Bar führten, in der sich bereits viele der Väter der Kinder befanden. Wir verabschiedeten uns von dem Baumeister und seiner Frau und bedankten uns für die Einladung zu diesem seltsamen Fest. Zuhause angekommen, rief ich eine Freundin an, die schon lange in Italien wohnte, und bat sie, uns doch zu erklären, was es auf sich hat, dieses Fest der Befana. Auch sie hatte anfangs nicht begriffen, was das Wort zu bedeuten hat und wieso gerade eine Hexe zu diesem religiösen Fest die Kinder beschenkte. Aber sie hatte nachgeforscht, und was sie herausfand, war wie vieles in der Toskana, aber sicherlich auch in anderen Teilen Italiens, etwas heidnisch angehaucht, aber traditionell und deshalb auch nicht zu sehr hinterfragt.

Also: Die Befana existierte offenbar bereits, als Christus geboren wurde. Denn die drei Könige kamen auf ihrer Reise nach Bethlehem am Haus der Befana vorbei und wollten sie mitnehmen. Die Befana aber hatte gerade eine wichtige Arbeit vor sich und keine Zeit. (Man beachte den banalen Grund!) Sie wollte aber nachkommen. Als ihre Arbeit beendet war und sie den Königen nacheilen wollte, war der Stern, der die drei Könige geleitet hatte, nicht mehr am Himmel zu sehen. Darum entschloss sich die Befana, die Geschenke, die sie dem Jesuskind bringen wollte, allen Kindern der Welt zu bringen. Seither tut sie das. In den Städten fliegt die Befana von Haus zu Haus und wirft ihre Geschenke in die Schornsteine. So wie es der amerikanische Weihnachtsmann tut, der sich allerdings von Rentieren befördern lässt.

Eines fanden wir bald heraus: Das Wort Befana kommt von dem Wort Epiphania, wie das Fest der Heiligen Drei Könige in der Kirchensprache genannt wird. Wie aber kam es dann zum Eselskarren und zur Verteilung der Geschenke auf dem Dorfplatz? Dafür fanden wir keine Erklärung. Das war offensichtlich eher ein örtlicher Brauch.

Doch schon vor dem Dreikönigstag wurden wir mit einem anderen Brauchtum konfrontiert – am Neujahrstag. Nach dem auch hier üblichen Böllerkrachen und Raketenschießen finden sich am Neujahrstag die Menschen in den Städten zum Neujahrskorso ein. Das ist nichts anderes als Spazierengehen auf den Straßen, um zu sehen und gesehen zu werden. Mit Kind und Kegel und – so vorhanden – auch mit Hund. Spazierengehen, aber wie! Man geht in Schwarz und Rot. Keine anderen Farben sind angesagt. Schwarze Mäntel, rote Schals, schwarze Röcke, rote Strümpfe. Darunter aber verbergen sich, wie uns die spärlich bekleideten Schaufensterpuppen in den Geschäften vor Augen führen, auch rote und schwarze Dessous für Damen und auch für Herren – alles in Rot und Schwarz. Die mitgeführten Hunde auf dem Korso tragen rote oder schwarze Maschen. Denn nur wer rot oder schwarz am Neujahrstag gekleidet ist, wird im neuen Jahr Glück haben. Was ist das? Heute wohl mehr Brauch als Aberglaube.

Aber unsere bäuerlichen Nachbarn wissen auch von anderen Arten des Aberglaubens zu erzählen. Im Februar hängen die Nebel oft bis tief in die Täler und lassen die Hügel wie Inseln aus einem weißen Ozean herauswachsen. Die Olivenernte ist vorbei, aber die Netze liegen noch wie Spinnweben unter den Bäumen. In der Landwirtschaft tritt eine kurze Pause ein, und da sitzt man gerne beim offenen Kamin und erzählt alte Geschichten, speziell Neulingen, wie wir es waren, die neugierig sind auf alles, was bodenständig ist. Die Toskaner, so schien uns, sind besonders fasziniert von allem, was magisch und unerklärlich ist. „Maghi" werden nicht nur die drei Weisen aus dem Morgenland genannt, so heißen auch Zauberer, Wunderheiler, Wahrsager und Ähnliche. Es gibt unzählige Sagen, die von wundersamen Ereignissen berichten, oft von sprechenden Tieren oder Menschen, die die Sprache der Tiere verstanden.

An einem solchen Abend hörten wir von Pordina eine seltsame Geschichte. Früher einmal (doch das Wort früher sollte eher nicht hinterfragt werden), wenn ein Kind auf die Welt kam, holte man eine alte Frau – natürlich eine weise alte Frau –, die über Kenntnisse verfügte, wie man die Geister austreibt, die vielleicht noch im neugeborenen Kind steckten. Die Frau verlangte eine flache Schale und fügte einen Tropfen Öl hinzu und hielt die Schale über den Kopf des Kindes. Wenn das Öl zerrann, bewies dies, dass noch böse Geister in dem Kind steckten. Da musste das Wasser gewechselt werden, und ein neuer Tropfen Öl wurde hineingetan. Das wurde so lange wiederholt, bis das Öl nicht mehr zerrann, sondern wie ein Fettauge auf dem Wasser schwamm. Dann war das Kind gereinigt, und alle bösen Geister waren gebannt.

„Ja, ja", sagte Pordinas Schwester, die auch anwesend war. „Da gab es auch die alte Sorana. Sie wusste noch alles über Heilpflanzen, und zu ihr pilgerten viele, denen die Ärzte nicht helfen konnten. Die heilenden Fähigkeiten der Sorana waren überall bekannt, aber bei der Zubereitung ihrer Tees, Säfte und Salben durfte niemand zusehen, denn das störte deren heilende Wirkung. Auch der Mond spielte eine wichtige Rolle, manche Kräuter durfte man nur bei Vollmond pflücken und musste dabei tröstende Worte zu den Pflanzen sprechen, weil man ihnen ja wehtat."

Pordina nickte ernst zu alldem, dann sagte sie: „Es gibt nicht nur die gute Befana, es gibt auch böse Hexen, von denen man sich möglichst fernhalten muss!" Eine kompetente Meinung. Denn Pordina stammte aus einem Dorf in den Bergen, das seltsamerweise Malocchio, also „Böser Blick" hieß. In einem Buch, in dem die Besonderheiten unserer Gegend beschrieben und alte Legenden zitiert werden, hieß es, dass in Malocchio früher in Vollmondnächten die Hexen getanzt hätten. Lachend meinte ich: „Na ja, Sie müssen es doch wissen", und ich zeigte ihr die Stelle in dem Buch, die vom Hexentanz berichtete. „Nein, das ist unmöglich", rief Pordina empört, „das ist gelogen!" – „Aber Pordina, Sie haben doch gerade gesagt, dass es auch böse Hexen gäbe. So glauben Sie doch an Hexen!" Doch Pordina zögerte keinen Moment: „Nein, natürlich nicht, aber bei uns in Malocchio haben sie sicher nicht getanzt!" Soweit unsere Pordina. Voll des

Aberglaubens, voller Sehnsucht nach dem Verborgenen und Geheimnisvollen.

Gut, dass es die Befana gibt. Ohne Hexen wäre die Welt doch sehr leer.

Der Tod im Bauernhaus

L'ultima cosa que si ha da fare è il morire.
Das Letzte, was man tun muss, ist sterben.

Schwere fliederblaue Vorhänge verdecken die Fenster und die Wände. Der Wind bläst in sie hinein, und sie beginnen zu leben. Vielleicht kommen die Geister, um Lebewohl zu sagen?

Oder, willkommen bei uns?

Seit 200 Jahren waren die Pelosis hier schon ansässig. Wein- und Olivenbauern im Joch der Mezzadria, der Gutsherren.

Der Vorhang berührt das weiße Haar des Sohnes. Es fröstelt ihn. Als er mich eintreten sieht, nickt er mir zu und senkt den Kopf. Ich bin hier fremd und doch weniger fremd als sonst. Dieser Tod geht auch mich an.

Aber die Geister dieses Hauses sind doch fremde Geister. Ich stehe still, ich wage kaum zu atmen. Atmen scheint mir hier wie ein Sakrileg. Nur weinen darf ich jetzt nicht, wie käme ich dazu? Er würde denken: Sie hat doch meine Mutter kaum gekannt! Ich bin der Untröstliche! Sonst darf hier niemand weinen! Es ist mein Schmerz – o Gott –, warum musste das sein?

Ich könnte sagen: Ich habe sie gekannt. Sie war ein Teil von meinen Tagen. Ich war ihr häufig begegnet. Bei ihrem Haus, an dem ich oft vorbeikam, im Weingarten, bei den Hühnern, auch auf der Straße. Nur einmal sah ich sie an einer Mauer lehnen. Damals war der Tod schon in ihr. Ich werde ihr Lächeln nicht vergessen und ihre Antwort auf meine Frage: „Wie geht es Ihnen?"

„Gut, gut, mir geht es gut – nur alt bin ich eben schon – zu alt."

„Aber nein, zu alt kann man nie sein, ich finde, Sie werden immer jung bleiben!"

Da lachte sie: „Warte nur ab, es kommt die Zeit." Jetzt ist sie da.

Mir wird sie fehlen, und immer, wenn ich am Haus der Pelosis vorbeikomme, werde ich an sie denken.

Aber er? Der Sohn? Riciardetto Pelosi? Seinem auch schon toten Vater wie aus dem Gesicht geschnitten, weißhaarig, zerfurcht, wie ein alter Baum und doch erst knapp über vierzig.

Wer wird das Mittagessen zubereiten, wenn alle auf den Feldern sind? Wer wird die Hühner füttern und die Hasen? Im Haus, in dem sie so lange gelebt hat, wird die Einsamkeit voll Erinnerung an sie sein.

Der Sohn starrt auf die stille Gestalt. Es geschah ohne Warnung, ganz plötzlich. Gerade noch hatte sie gelacht und etwas vor sich hin gesummt. Er zittert, will nicht weinen. Weinen ist gut, so gut wie Lachen, will ich sagen, jedes hat seine Zeit. Stattdessen sage ich: „Wir werden immer an sie denken. Wir alle, meine ganze Familie." Er schließt die Augen und nickt.

Ich sehe ihre wächsernen Hände an. Das ist das Ende schwerer Arbeit. War sie glücklich gewesen? Das Glück dieser Bauern ist meist stumm. Vielleicht machte der erste Schrei ihres Kindes sie glücklich. Vielleicht der Moment, als sie in der Kirche Ja sagte. Aber danach? Ist ein stummes Glück geringer, weil es stumm ist?

Die Hände unter dem Spitzentuch sehen verloren drein. Sie gehören nicht mehr ihr. Aber wo ist sie? Sie ist schon Welten von uns entfernt. Nein, hier ist sie nicht mehr. Das sieht man an diesen Händen.

Ich sage leise: „Sie ist nicht mehr da, aber sie sieht uns zu." Er sieht mich überrascht an. Dann schüttelt er den Kopf: „Nein, nein, ich wollte, es wäre so, aber ich kann es nicht glauben. Das, was da ist, ist sie, und das ist das Ende. Danach ist nichts, gar nichts."

Ich sage: „Wie schön der Tod doch ist für alle, die an die Wiedergeburt glauben."

Er lächelt schmerzlich: „Ich kann es nicht glauben, das sind alles Märchen, die die Menschen erfinden, um sich über den Tod hinwegzutrösten."

Ist das nicht gut, will ich sagen. Ich wundere mich über ihn. Wann hat dieser Mann aufgehört zu glauben? Als Kind war er sicher Ministrant gewesen und brav jeden Sonn- und Feiertag in die Kirche gegangen. Er war getauft und gefirmt worden und hatte seine Frau in der Kirche geheiratet. Alles im Namen Gottes.

Sein guter, alter katholischer Gott, der langbärtig vom Himmel herab seine ganze Jugend von einer weißen Wolke aus ihm zugesehen hatte, wo war der heute? Jetzt, wo er ihn so sehr brauchte?

Ich werde beim Begräbnis weinen. Ich weine immer bei Begräbnissen. Der Tod hat jedoch keinen Schrecken für mich. Ein ziemliches Stück meines Lebens ist er mir als grimmiger Feind gefolgt, und schließlich habe ich durch ihn beide Eltern verloren und sie bitter beweint.

Es sind diese fast schon vergessenen Tränen von damals, die ich immer wieder auf Friedhöfen weine.

Ich kann sie einfach nicht bekämpfen, diese absurden Tränen. Also werde ich wieder weinen.

Plötzlich sagte er: „Und Sie? Was glauben Sie?" Ich sehe ihn an, unsicher, ob er mich verstehen kann: „Ich glaube, Leben und Tod sind ein Kreis, und der Tod ist eine Hälfte davon. Er ist genauso wichtig wie das Leben, das immer wieder von Neuem beginnt."

Er sagt leise: „Vielleicht …" Aber er schaut an mir vorbei.

Einige Leute kommen herein und heben die Spitzendecke, um die Tote noch einmal zu sehen. Ich sage: „Ich will sie so nicht sehen – verzeihen Sie mir –, ich will mich an sie erinnern, so wie ich ihr das letzte Mal im Weingarten begegnet bin." Er schüttelt den Kopf, und dann beginnt er plötzlich zu weinen.

Ich berühre sachte seine Hand. „In uns wird sie leben", sage ich. Das versteht er.

Eine Frau kommt herein. Sie sagt zu ihm: „Wenn ich sterbe, dann wünsche ich mir, dass es ein Tod sein soll wie dieser. Ohne Schmerz, ohne Warnung. Es ist eine Gnade. Wir sollten dankbar sein, dass es so war."

Er nickt. Das ist ein handfester Trost, so wie ich ihn nicht geben konnte, denn ich hätte dabei gelogen. Ich wünsche mir, dass ich es vorher wüsste und mich darauf vorbereiten könnte.

Aber das würde niemand hier verstehen, außer vielleicht der Pfarrer.

Doch weder Pfarrer noch der Doktor sind da gewesen. Die mussten sich um die Lebenden kümmern.

Ich treffe die Schwester Riciardettos auf der Treppe, und obwohl wir uns gar nicht kennen, sagt sie: „Jetzt sind wir ganz allein", so, als wäre sie noch ein kleines Kind. Und ich sage: „Wenn eine Mutter stirbt, hinterlässt sie Kinder. Und immer werden sie Kinder bleiben – ihre Kinder."

Wir gehen aneinander vorbei, und jetzt weine ich, weil auch ich ein Kind bin. Dann gehe ich in die Nacht hinaus, wo unser Hund geduldig auf mich wartet. Wir gehen durch die Dunkelheit, aber die weißen Wachshände sind noch in meinen Gedanken, und rund um uns sind die Geister, die den Olivenhain bewachen.

Mago

Del matto, del medico e del cuoco, ognuno n'ha un poco.
Vom Narren, vom Arzt und vom Koch hat jeder etwas.

Sie nannten ihn „Il Professore", aber niemand konnte sagen, wie er eigentlich zu diesem Titel gekommen war. Kaum jemand wusste, wer seine Eltern waren. Er war als Kind in den Wirren der letzten Tage des Krieges bei einer entfernten Verwandten zurückgelassen worden. Lebensmittel waren rar, und am Land war ein Kind besser aufgehoben. Später wollten ihn die Eltern wieder zu sich nehmen. Aber das Später kam nie. So wuchs er in einem ärmlichen Bauernhaus bei einer alleinstehenden Frau auf, die er Tante nannte. Sie liebte ihn wie ihren eigenen Sohn, schickte ihn zur Schule und war sehr stolz auf ihn, als der Lehrer ihr von seiner außergewöhnlichen Intelligenz erzählte. Dieser Lehrer, ein Signor Moroni, brachte den Jungen zu einem Freund nach Florenz, der sich um ihn kümmerte und ihn später auf die Universität schickte. Seine Ziehmutter sah ihn lange Zeit nicht mehr, denn Signor Moroni, der seinen eigenen Sohn durch ein tragisches Schicksal verloren hatte, adoptierte den jungen Mann, und so wurde aus dem Bauernkind ein sehr städtischer Student.

Seine Ziehmutter hatte er zwar nicht vergessen, er schrieb ihr viele Briefe von all den Plätzen, die er als Student besuchte, schickte ihr jede Weihnachten ein kleines Geschenk, aber er kam nie wieder an den Ort, der eigentlich sein Heimatort gewesen war. Die Ziehmutter verfolgte eifrig die Karriere ihres Schützlings. Ihr genügte es, von ihm und über ihn zu hören. Es schien ihr nur recht, dass er sie nicht mehr besuchte. Was hätte sie ihm nun, da er ein wichtiger Mann war, bieten können? Ihm, einem „Professore"!

Aber dann kam er eines Tages doch, nachdem er sich schon Wochen vorher angekündigt hatte. Seine Ziehmutter hat er nicht mehr gesehen, denn ihr schwaches Herz hatte die Vorfreude auf ein Wiedersehen nicht ausgehalten.

Soweit die Geschichte, wie sie mir von Pordina erzählt wurde. Der „Professore" hatte das Haus seiner Ziehmutter ohne Aufsehen bezogen.

Ich traf den Professore, kurz nachdem wir uns hier angesiedelt hatten, zufällig auf der Straße. Es regnete in Strömen, und er ging ohne Mantel den Weg hinauf, der auch zu unserem Haus führte. Das Gewitter hatte ihn überrascht. Ich hielt den Wagen an und fragte, ob ich ihn mitnehmen könnte. Er stieg ein. Der Professore wohnte etwas oberhalb von uns in einem Haus, das ich noch nie zuvor gesehen hatte, obwohl es nicht weit von der Straße entfernt lag. Er bedankte sich und verschwand hinter den Olivenbäumen. Er hatte auf der kurzen Fahrt nicht ein einziges Wort gesprochen, aber mir schien es, als ob zwischen uns keine Stille gewesen war. Es fiel mir erst später auf, dass auch ich nichts gesagt hatte.

Ich überlegte, wie er eigentlich ausgesehen hatte. Alles, was ich bemerkt hatte, waren ein kurzer tiefschwarzer Bart und graue Haare, die kurz geschoren waren, aber sich um die Ohren etwas ringelten. Mehr wusste ich nicht. Als ich Pordina fragte, wer in dem Haus schräg gegenüber von ihrem Haus wohnte, sagte sie so, als wäre das ein Geheimnis: „Il Professore." Dann erzählte sie mir seine Geschichte, und am Ende sagte sie: „È un uomo strano davvero" – „Er ist ein seltsamer Mann, wirklich!"

Auf meine Frage, was denn an ihm seltsam sei, konnte sie mir keine Antwort geben, aber als ich sie fragte, ob sie ihn gut kenne, meinte sie: „Nein, niemand kennt ihn wirklich, er ist ein Einsiedler" – „un solitario".

Ich traf ihn wieder auf der Straße, als ich den Weg zum Ort zu Fuß ging, und der Hund neben mir, mit dem ich gerade redete. Den Professore hatte ich nicht bemerkt, denn er war an einen

Baum gelehnt, und der Mittagsschatten verdeckte ihn fast gänzlich. Bonzo aber spitzte die Ohren und lief schnurstracks auf ihn zu. Der Professore lächelte den Hund an und streichelte ihn sanft oberhalb der Schnauze. Bonzo gebärdete sich so, als wären die beiden längst miteinander bekannt und stieß leise gurrende Töne aus, was er nur tat, wenn einer von uns ihn kraulte. Ich blieb stehen, und plötzlich sah mich der Professore an. Er hatte graublaue Augen und schien durch mich hindurch zu sehen. Ich drehte mich unwillkürlich um, ob da noch jemand wäre, den ich nicht gesehen hatte. Aber da war niemand.

Der Professore sagte, wie um mich zu beruhigen: „Es war sehr freundlich von Ihnen, mich bis zu meinem Haus zu bringen. Jetzt, wo ich weiß, wo Sie wohnen, weiß ich auch, dass Sie einen großen Umweg machen mussten, um nach Hause zu kommen."

Ich sagte, dass der kleine Umweg mir nichts ausgemacht hätte, denn auf diese Weise sei ich bei dem Honigmann vorbeigekommen und hätte für die Familie Honig eingekauft.

Er lächelte freundlich. „Essen Sie viel Honig?"

„O ja", sagte ich, „er ist doch sehr gesund."

„Viel gesünder, als die meisten wissen", meinte er. „Man kann so viele Sachen mit Honig machen!"

„Sie sagen das, als wären Sie ein guter Koch", sagte ich, und der Professore nickte und meinte: „Ja, ich glaube schon. Wenigstens mir schmeckt, was ich koche."

Das Gespräch schien zu Ende, und ich wusste nicht ganz, wie ich mich verabschieden sollte. Da sagte er: „Wenn Sie einmal Zeit haben, koche ich für Sie."

„Danke vielmals", sagte ich höflich, nahm aber nicht an, dass es jemals dazu kommen würde.

Als ich die Episode der Pordina erzählte, sah sie mich entgeistert an. Sie konnte es gar nicht glauben, dass „Il Professore" mich angesprochen hatte. So etwas hatte er noch nie getan.

„Nun, was ist denn mit dem Professore los, dass Sie über ihn reden, als wäre er etwas Besonderes?"

Pordina druckste ein wenig herum, dann sagte sie: „È un mago."

„Un mago? Come?" Ein „Mago" ist, wie im Wörterbuch nachzulesen, ein Magier, ein Zauberer. Was von diesen Dingen war er nun? Las er aus der Hand, sagte er die Zukunft voraus?

„Podarsi", sagte Pordina. „Wer weiß?" Auf jeden Fall überfiel jeden, der mit ihm redete, eine gewisse Scheu. Es verschlug einem sozusagen die Rede, jedes Wort, das man sagte, schien einem plötzlich überflüssig ...

Ja, dachte ich, dieses Gefühl hatte ich tatsächlich gehabt, und hatte mich plötzlich klein und unbedeutend gefühlt.

„Sehen Sie", sagte Pordina, „so geht es allen. Dabei hat er noch nie jemanden belehren wollen, im Gegenteil. Aber eines, Signora, müssten Sie sehen! Seine Geranien. Ich habe sie nur einmal gesehen, als ich unseren Hund suchte und in der ganzen Gegend herumlief und nach ihm rief. Also, das war eine Pracht, wie man sie sich kaum vorstellen kann. Da er ja so freundlich zu Ihnen ist" – sie sagte das mit einer gewissen Spitze, aber nicht bösartig, vielleicht etwas eifersüchtig –, „zeigt er sie Ihnen vielleicht einmal. Sie wachsen bis zum Dach hinauf. Giulio ist trostlos, dass es ihm beim Conte nie gelungen ist, solche Geranien zu ziehen!"

„Ist Giulio sein Freund?"

„Na ja, wenn man so sagen kann. Jedenfalls ist er der Einzige, der ihn manchmal besucht. Aber er spricht nie darüber. Wenn ich ihn über diese Besuche frage, weicht er immer aus und sagt, ich solle nicht so neugierig sein!"

Ich dachte längere Zeit nicht an den Professore, bis ich ihn einmal durch Zufall auf dem Friedhof traf. Der Friedhof ist sehr schön. Bei Nacht leuchten die kleinen Lichter auf allen Gräbern, und die Aussicht von der Kapelle über die grünen Hügel ist herrlich. Ich komme öfter mit Blumen. Unseren Hund binde ich am Tor an, was er schon gewohnt ist.

Als ich wieder einmal zwischen den Gräbern herumging und Daten und Namen las, stand plötzlich der Professore vor mir.

„Mögen Sie Friedhöfe?", fragte er mich unvermittelt, und ich musste über meine Antwort etwas nachdenken.

„Ja", sagte ich, „eigentlich mag ich sie. Sie haben etwas Beruhigendes an sich. Es herrscht hier eine Stille, die es sonst nirgends gibt."

„Obwohl die Straße direkt daran vorbeiführt", sagte der Professore. „Kommt Ihnen das nicht seltsam vor?"

Er hatte recht. Ununterbrochen fuhr irgendein Vehikel vorbei, aber man merkte es nicht.

„Man kann die Ohren schließen", sagte der Professore, „man weiß nur nicht, dass man es kann."

Ich sah ihn an und lachte. „Ja", sagte ich, „ich glaube, das stimmt! Vielleicht können wir überhaupt viel mehr, als wir wissen!"

„Sicherlich", sagte er mit großem Ernst. „Man kann viel mehr. Und wir wüssten auch viel mehr, wenn wir uns nur besser erinnern könnten!"

Das verstand ich nicht, wusste aber nicht, ob nicht mein Mangel an Sprachkenntnis daran schuld war.

„Ich meine", sagte er, „bevor wir etwas wussten, haben wir noch viel mehr gewusst, das wird aber alles im Laufe eines Lebens verschüttet."

„Sie meinen, als wir noch kleine Kinder waren?"

Er nickte.

„Aber woher wussten wir das denn?"

„Von früher, von weit her."

„Ich verstehe nicht!"

„Ich meinte, es wäre leicht zu verstehen …"

Es trat eine Pause ein.

„Meinen Sie, man könnte etwas schon als Kind in dieses Leben mitbringen, Wissen aus einer anderen Zeit?"

Er nickte. „Sie haben mich verstanden."

Ich dachte: Wie komme ich dazu, mit diesem fremden Mann solche Gespräche zu führen? „Mir kommt vor, als würde ich Sie schon lange kennen", sagte ich zögernd.

Er nickte, sagte abrupt „Auf Wiedersehen!" und ging schnell auf den Ausgang zu. Dort begrüßte ihn Bonzo, und er band ihn los. Bonzo aber blieb eigenartigerweise ganz still sitzen, so, als wäre er noch angebunden. Mago, dachte ich. Er hatte den Hund verzaubert.

Den Professore muss ich näher kennenlernen, dachte ich. Aber gleichzeitig wusste ich auch, dass sich unser Zusammentreffen immer von selbst ergeben würde.

Über dieses Gespräch konnte ich mit Pordina natürlich nicht reden. Die Bauern hier standen mit beiden Füßen auf der Erde, und sogar ihre Heiligen waren nicht mehr die Idole von früher. „Der Mago", sagte ich eines Tages zu Pordina, „ist doch ein einfacher Mensch. Mir kommt er gar nicht so sonderbar vor."

„Warten Sie nur ab", sagte Pordina. „Auch Sie wird er eines Tages überraschen, so wie er mich überrascht hat."

Und dann erzählte sie mir eine sonderbare Geschichte, von der ich nicht weiß, was ich von ihr halten soll.

Eines Tages war sie allein zu Hause, ihr Mann war im Weingarten, und die Söhne waren in der Schule beziehungsweise bei der Arbeit. Sie fütterte gerade die Tauben und Hühner, als der Professore erschien. Ihr sei fast die Futterschüssel aus der Hand gefallen, so überrascht sei sie von seinem Erscheinen gewesen. Sie behauptete, seine Schritte hätten auf dem groben Kies keinerlei Lärm gemacht.

„Il Mago", sagte ich lachend, aber sie blieb ernst.

„Guten Tag", sagte er. „Ihr Mann hat sich verletzt. Wir müssen ihm helfen." Pordina hatte den Professore angestarrt. „Wo denn?", hatte sie gefragt, und der Professore hatte nur hinter das Haus gezeigt.

Sie fanden Pordinas Mann an eine Mauer gelehnt. Er hielt sich das Bein und jammerte: „Mein Bein, mein Bein! Ich habe mir das Bein gebrochen!" Sie stützten ihn gemeinsam und brachten ihn zum Haus.

Dort verabschiedete sich der Professore und ging davon. Als Pordina ihren Mann fragte, ob der Professore ihn verletzt gefunden habe, stellte sich heraus, dass er ihn erst gesehen hatte, als er mit Pordina gekommen war. Wieso hatte er dann von der Verletzung gewusst?

„Vielleicht hat er ihn jammern gehört", sagte ich. Aber Pordina behauptete steif und fest, der Professore wisse solche Dinge eben, auch ohne sie zu sehen, und man müsse sich vor ihm in Acht nehmen.

„Haben Sie schon gehört?", fragte Pordina eines Morgens. „Der Professore ist im Krankenhaus."

„Was hat er denn?", fragte ich, denn ich konnte ihn mir nicht krank vorstellen. Leute wie er wurden nicht krank. Aber so war es nicht. Er war von einer Viper gebissen worden.

Das kann hier passieren, obwohl es ziemlich selten vorkommt. Die Viper ist ein sehr scheues, aber auch träges Tier. Sie bewegt sich langsam, und nur wenn man ihr ganz zufällig etwa auf den Schwanz steigt, beißt sie. Ähnlich war es auch dem Professore ergangen.

Er hatte Holz aus seinem Schuppen geholt und mit der Hand direkt auf die Schlange gegriffen, weil es dunkel war und er glaubte, es wäre ein Stück Holz. Er wusste genau, dass in so einem Fall das Krankenhaus der einzige Platz war, wo man ihn kurieren konnte. Er hatte sich zwar sofort ein Serum gespritzt, das er, wie die meisten Leute hier, im Haus hatte, war aber trotzdem auf dem Weg zum Autobus zusammengebrochen.

Ich hätte ihn gern im Krankenhaus besucht, aber Pordina meinte, das wäre nicht passend.

Giulio hatte ihn besucht und gesagt, es gehe ihm schon besser. Er wäre nur wütend auf sich selbst, denn er wisse doch genau, dass Vipern oft in den Holzschuppen lebten. Er hätte daher vorsichtig sein müssen.

Der Professore erholte sich, aber er schien verändert. Bald nach seinem Krankenhausaufenthalt verkaufte er sein Haus und zog hinauf in die Hügel. Dort lebte er dann, und man sah ihn noch seltener als zuvor.

„Er züchtet jetzt Bienen", sagte Pordina und fügte bissig hinzu, dass er sich anscheinend lieber stechen als beißen ließ. Aber sie vermisste ihn.

„Er fehlt mir", sagte sie eines Tages, „er fehlt mir wirklich. Ich werde ihn am Sonntag besuchen. Ja, das werde ich", fügte sie hinzu, wie um sich selbst Mut zu machen.

Als Pordina ihn mit Giulio besuchte, hatten sie eine Art Ausrede ersonnen, denn sie waren große Pilzsammler, und dort oben gab es die besten Herrenpilze.

Der Professore hatte einen Handwerker im Haus, und die beiden Männer versuchten augenscheinlich, aus der Ruine eine menschliche Behausung zu machen. Sie waren beide gesprächig, als Pordina und Giulio ankamen. So hatte sie „Il Professore" noch nie gesehen. Er war offensichtlich sehr zufrieden mit seinem neuen Haus. Pordina sah sich um und sah nur Steinhaufen und Schutt.

Der Professore führte die Besucher ins Haus, in ein gemütliches Zimmer mit einem Kamin, in dem ein Feuer brannte und ein Kessel mit Suppe brodelte. Außer einem großen Tisch und mehreren Stühlen gab es nichts im Zimmer. An der Wand hingen ein paar alte Küchengeräte. Der Professore bot den beiden einen Vin Santo an. Pordina fragte, ob er auch noch andere Zimmer hätte. Die wären noch nicht fertig, aber in der folgenden Woche wäre sein Schlafzimmer bewohnbar und ein weiteres Zimmer, in dem er arbeiten wollte.

„To", sagte Pordina, was so viel heißt wie „na ja", und es kann jeweils mit einer anderen Betonung auch immer etwas anderes bedeuten.

Jetzt aber bedeutete es: Weiß Gott, was er arbeitet – sicher ist das etwas, was er uns nicht erzählen will. Ach Gott, die Magie!

Pordina musste zugeben, dass alles normal war in seinem Haus – zu normal. Mir hatte er Grüße geschickt und sagen lassen, dass er sich über einen Besuch freuen würde. „Wenn Sie in ein paar Wochen hinaufgehen, ist er sicher mit dem Haus fertig", sagte Pordina.

Als mein Mann kam, berichtete ich ihm die Neuigkeiten, und dazu gehörten auch der Schlangenbiss und die darauf folgende Übersiedlung des „Professore". Diese ganze Mago-Geschichte hatte ihn immer schon interessiert, und so gingen wir gemeinsam den Berg hinauf.

Nach einer förmlichen Vorstellung zeigte der Professore uns seine letzten Pilzfunde. Diese begeisterten uns, vor allem, weil dabei auch ein großer „Ovolo" war, ein Kaiserling, der Traum jedes Pilzsammlers.

In Restaurants in Italien hatten wir ihn schon gegessen, aber so im Naturzustand, frisch gepflückt, hatten wir ihn noch nie gesehen. Der Professore meinte, es gäbe bessere Pilze als den Ovolo, aber dieser sei so rar, dass er hauptsächlich deshalb überschätzt würde.

Der Professore entpuppte sich als großer Pilzkenner und lockte aus meinem Mann italienische Sätze hervor, die er zuvor nie zu sagen gewagt hätte. Der Professore nahm ihm gänzlich die Abneigung, Dinge auch unpräzise auszudrücken, und in Kürze waren die beiden tief in die Magie der Mykologie verstrickt. Pilze waren eben etwas Magisches, und deshalb passte das Thema auch zum Professore. Es wurde vereinbart, gemeinsam einmal nach dem Ovolo zu suchen, dessen Standplätze der Professore gut kannte.

Als sich der Professore später auch mir zuwandte, sagte er rechtfertigend: „Ich musste das untere Haus verkaufen", so, als wäre er mir eine Erklärung schuldig. „Ich fühlte mich so eingeengt unter den Bauern, die alles, was ich machte, mit misstrauischen Augen ansahen. Wenn man als Mago verschrien ist", dabei zwinkerte er uns zu, „dann ist es unmöglich zu beweisen, dass man ein ganz normaler Mensch ist. Ihre Freundin, die Pordina, hat ja förmlich Angst vor mir!"

Ich lachte dazu und erzählte ihm, wie sehr er aber gerade der Pordina fehlte. „Das Leben ist nicht mehr dasselbe, seit Sie nicht mehr da sind."

„Was ist ein Mago?", fragte mein Mann.

„Ja, wer weiß wirklich, was dieses Wort für die Leute hier bedeutet", erwiderte der Professore. „Vielleicht jemand, der mehr weiß als sie? Vielleicht auch ein Zauberer? Jedenfalls hat es etwas Finsteres an sich, etwas, wovor man sich hüten sollte. Lassen Sie bitte die Pordina grüßen von mir. Sie wird mich sicher wieder besuchen kommen, denn sie ist sehr neugierig und glaubt, mich vielleicht doch bei einer Schwarzen Messe oder Geisterbeschwörung überraschen zu können!"

Er lachte dazu, aber man spürte dahinter den Ernst. Schließlich muss es ein schwerer Entschluss gewesen sein, sich von seinem Haus zu trennen.

Der Professore lud uns zum Essen ein. Er wollte eine ganz neue Art von Spaghetti con funghi zubereiten. Mit Pilzen, die nur er kannte.

Die Einladung war so herzlich, dass wir nicht Nein sagen konnten, und darum saßen wir in der gemütlichen Küche des Mago und plauderten mit ihm, während er das Wasser für die Spaghetti aufsetzte und Vorbereitungen für den Pilzsugo traf. Die Pilze hatte er in einem Glas, das beim Herd stand. Wir musterten sie neugierig, und wirklich hatten wir, die wir doch viele Pilzbücher kannten, solche Pilze noch nie gesehen. Sie waren so gelb wie unsere Eierschwammerl (Pfifferlinge), waren aber auch keine Semmelstoppelpilze, sondern irgendetwas ganz anderes.

„Das sind Baumschwämme", sagte der Professore, „aber ich habe sie noch in keinem Pilzbuch gefunden. Sie wachsen nur auf alten Kastanien. Vielleicht bin ich der Entdecker dieser Pilze", sagte er lachend. „Dann wird dieser Pilz in Zukunft ‚Fungo magico' heißen."

Das Pilzragout war großartig. Dieser Pilz war sogar besser als ein Ovolo und besser als die feinste Trüffel. „Fungo magico wird er auch für uns von nun an heißen", meinten wir voll Bewunderung.

„Wir sollten das Geheimnis für uns behalten", sagte der Professore, „wenn ich Sie bitten darf. Dieser Pilz ist sehr rar und …"

Wir verstanden. Bis heute ist es ein Geheimnis geblieben.

Als wir den Professore verließen, fühlten wir uns beschwingt, als hätten wir Champagner getrunken. Die Füße schienen uns nicht nur zu tragen, wir schwebten förmlich dahin.

Damit wäre die Geschichte zu Ende. Der Professore war sicher ein Mago – aber nicht einer, wie ihn die Pordina sich vorstellte. Er war ein Mensch, der in sich selbst ruhte – ein Mensch, der jedem etwas gab, auch ohne gebeten zu werden. Und er hatte viel zu geben. Mir schien er, nach allem, was ich über seine Karriere gehört hatte, ein Mann, der sich alle Ambitionen erfüllt hatte, nur um zu erkennen, dass es um ganz andere Dinge ging, als sich und anderen ständig zu beweisen, was man zu leisten imstande war. Vor ihm lagen Aufgaben, die man nicht nur mit Fleiß und Intelligenz lösen konnte. Die Lösung seiner Probleme bestand nicht in der Lösung von „weltlichen" Dingen. Genügte das nicht, um ein Mago zu sein? Ich hatte jedenfalls immer, wenn ich ihn traf, das Gefühl, dass er den Dingen, welchen ich auf der Spur war, viel näher war. Hier bewegen wir uns aber auf abstrakten Ebenen, schon einmal, weil ich ja gar nicht formulieren könnte, was ich mit „den Dingen", auf deren Spur ich war, meine.

Pordina hat diese Dinge summarisch mit Magie bezeichnet. Wann würde ich in ihren Augen zum Mago – oder wie dieses Wort in der weiblichen Form heißt – aufrücken?

Nun, viel schien da nicht mehr zu fehlen. Wie war das mit dem Pan?

Pan

La natura può più dell'arte.
Die Natur kann mehr als die Kunst.

Irgendwann habe ich diese Terrakotta-Maske eines Pan gekauft und mit anderen mehr oder weniger nutzlosen Dingen in einer Truhe aufbewahrt. Nicht umsonst werden Schätze immer in Truhen aufgehoben. Wie sich herausstellte, ist auch meine Truhe plötzlich zur Schatztruhe geworden, als ich sie wieder einmal für nützliche Zwecke heranziehen wollte. Heranziehen ist das richtige Wort, denn sie stand eingeklemmt zwischen Koffern und Kisten, und nur der Tatsache, dass sie feste Griffe hatte, ist es zu verdanken, dass ich sie ohne Hilfe heranziehen konnte.

Ich war von ihrem Inhalt mehr als überrascht. Warum hatte ich all diese wunderbaren Dinge so lange aus meinem täglichen Leben verbannt? Da waren längst vergessene Fotoalben, Briefe, Zeichnungen, verschiedene Andenken und unter ihnen auch die Maske des Pan. Ich nahm sie vorsichtig heraus. Plötzlich schien sie so wichtig, so zerbrechlich, so wertvoll. Der Pan entwickelte in meiner Hand ein Eigenleben. Er war keine Maske mehr – er war ein selbstständiges Wesen.

Automatisch stand ich auf. In der glühenden Hitze dieses Sommertags, in der die Luft zitterte und die Zikaden ihre Liebe in alle Welt posaunten, ging ich den Weg hinunter zum Bach. Es zog mich dort hin. In der Mittagsglut, so sagt man, stehe sogar die Zeit still. Um mich war alles erstorben, bald auch verstummten die Zikaden. Der Hund, statt wie immer um mich herumzuspringen, schlich hinter mir her. Ich ging nicht – man könnte sagen: Ich wurde gegangen! Immer tiefer ins Tal wurden meine

Schritte gelenkt. Ich fragte mich nicht: Warum? Wohin? Ich ging einfach. Über den Bach, durch ein leicht wogendes Meer von Schachtelhalmen, hinein in den Haselnusswald. Den steilen Weg hinauf. Dann plötzlich, dort, wo früher der Wasserfall gewesen war, bevor die Steine der alten Mauer bei jenem Wolkenbruch in den kleinen Teich donnerten und einen tiefen Canyon hinterlie-ßen, konnte ich keinen Schritt mehr weitergehen. Es war wie in den bei mir im Fieber immer wiederkehrenden Albträumen, in denen ich einem Unheil entkommen wollte und eine unsichtbare Kraft mich zurückhielt. Ich versuche dann verzweifelt, mich vor-wärts zu bewegen, bin aber wie festgenagelt. Ich habe gelernt, mich bei solchen Albträumen selbst zu wecken. Aber jetzt war ich ja wach! Die Maske in meiner Hand schien sich selbstständig machen zu wollen und glitt mir aus der Hand. Ich hob sie auf. Pan, dachte ich, Pan ist hier. Pan hat mich hierher geführt. Aber was soll ich nun mit ihm machen? Wo will er hin? Ins Wasser? In eine Baumhöhle? Aber die Fragen erübrigten sich, denn da war ein mit Efeu überwachsener Baumstumpf, der eine Öffnung hatte, in die der Pan-Kopf genau hineinpasste. Nicht einen Zen-timeter hätte er größer oder kleiner sein dürfen. Ein Stück Efeu presste sich durch ein Auge und ließ ihn aussehen, als ob er mir zuzwinkerte.

„So", sagte ich, „bist du jetzt zufrieden?"

Der Efeu raschelte ein wenig. Für mich gab es keinen Zwei-fel. Ich hatte Pan zum Leben erweckt. Nicht nur hatte ich ihn aus der Vergessenheit geholt, sondern ich hatte ihn dorthin ge-bracht, wo er hingehörte, wo er zu Hause war. Haselnussbäume sind besondere Bäume, sie beherbergen Trüffeln und Hasel-mäuse, seltsame, lichtscheue Gesellen, wie die Nusskäfer, die kreisrunde Löcher in Nüsse schneiden können, um an den süßen Kern zu gelangen.

Ein leichter Wind kam auf, und es donnerte. Ein langer Gras-halm wehte über den Pan, und ein tiefer Seufzer der Zufrieden-heit entschlüpfte ihm. Geräusche sind subjektive Ereignisse, und ein anderer hätte dieses Geräusch vielleicht anders interpretiert. Aber Feen, Faune, Pan selbst, Elfen und ein Dutzend anderer Geisterwesen sind nicht für jeden sichtbar oder hörbar.

Nun war aber gerade Pan schon immer ein fester Bestandteil meiner Welt, und ich dachte, es wäre Zeit, ihm irgendwo auf unserem eigenen Grund einen Platz zu weihen. Jetzt hatte er ihn selbst bestimmt.

Wenn ich manchen Leuten, hie und da ganz unnützerweise klarmachen wollte, dass der Vielgöttergedanke doch um vieles sympathischer und großzügiger sei als der strenge, unnachgiebige Glaube an nur einen Gott, waren sie schockiert, befremdet, ich wurde ihnen suspekt. Für mich ist seit Langem klar, dass die Natur mit ihren Milliarden von Geheimnissen auch viele Götter beherbergt. Die „Gottfindung" ist ganz bestimmt nicht nur ein Privileg des Menschen. Folglich war dieser lebendig werdende Pan für mich keine Überraschung.

Der Hund verhielt sich seltsam. Er schnüffelte ein wenig um den Pan herum, setzte sich dann wie auf Befehl direkt vor ihm nieder und ließ nur seinen Schwanz tanzen. Eine azurblaue Fliege schwirrte um die Maske, und ganz plötzlich kam aus der Luft, hängend an einem weißlichblau schimmernden Strang, ein seltsames Gebilde, das sich vor dem Pan drehte und wendete, schillernde durchsichtige Spiralen in der Luft schaukeln ließ, die sich ineinander verschlangen. Es war der Liebestanz der Nacktschnecken – ein Ereignis, welches man selten zu sehen bekommt. Ich hatte es bis dahin nur einmal erlebt und wusste also, was es bedeutete. Warum der Liebesakt aber vor dem Pan? Warum hier? Um zu beweisen, dass Pan alles in der Natur beherrschte, also auch die Liebe? Ja, schien der Liebestanz der Schnecken auszudrücken. Ja, sieh her, du großer, alle Natur umfassender Pan, wir weihen dir unsere Liebe.

Der Hund sah die liebestollen Schnecken, und ein verhaltenes Winseln zeigte seine Erregung. Die Sonne stand hinter mir und zauberte einen langen Schatten auf das gegenüberliegende

Ufer des Baches. Einen Schatten wie kein anderer Schatten, den ich je gesehen hatte. Der Schatten eines Riesen mit krummen Hörnern und einem wuchtigen Nacken. Breitspurig stand er da, und ich wagte nicht, hinter mich zu sehen. Der Riese musste hinter mir stehen. Der Hund kam zu mir. Sein Winseln wurde lauter, und er klemmte den Schwanz zwischen die Beine. „Hilf mir", schien er zu sagen – „der ist zu groß für mich – hilf mir!" Ich streichelte den Hund und flüsterte ihm ins Ohr, dass Pan noch nie einem Tier etwas getan hatte. Er dürfe keine Angst haben.

Die Versuchung, mich umzudrehen, wuchs von Minute zu Minute, aber ich überwand sie. Die Sonne verbarg sich hinter dunklen Wolken, der Schatten verblasste, verschwand. Der Hund bellte erleichtert. Als ich mich umdrehte, war ich allein. Die Schneckenhochzeit aber dauerte an, und das Liebesspiel endete erst, als die ersten Regentropfen fielen.

Seither wohnt Pan im Haselnusswald, aber ich hüte mich, die tönerne Maske, hinter der er sich verbirgt, jenen zu zeigen, die das Unmögliche nicht sein lassen.

Toskanischer Frühling

Assai sa, che di viver sa.
Wer zu leben weiß, weiß schon viel.

Der Frühling lässt auf sich warten. Oder liegt es an uns, dass wir von Jahr zu Jahr ungeduldiger werden, im Falle, dass er nie wiederkehrt? Die ersten Veilchen kommen hier früh, und mit ihnen die leuchtend weißen Sterne, die aus dem noch kurzen Gras hervorleuchten, wie auf einem grünen Himmel. Hier kennt niemand ihre Namen, aber was tut das schon? Würde sie ihr schwierig auszusprechender Name Ornithologum, wilder Milchstern, weniger schön machen? Dann kommt da noch die kleine schwarze Iris, die wir noch nirgends sonst gesehen haben. Mit ihrem schwarzen Zünglein macht sie wie eine Schlange auf sich aufmerksam, aber pflücken darf man sie nicht. Ein paar Stunden in einer Vase, und schon ist sie welk. Dann kommen die Mohnblumen, die man bei uns viel später sieht. Sie mischen sich auf wunderbare Weise mit dem kleinen wilden Wiesenbocksbart und säumen unsere Straße ein. Am späten Nachmittag, zur Magic Hour, verzaubern sie alles um sie herum, und die knorrigen, schwarzen Stämme der Olivenbäume stehen in diesem Blütenmeer wie Wächter eines Paradieses.

Amseln, Meisen und Rotkehlchen schwirren in immer größer werdender Aufregung durch die Büsche und Bäume und füllen die Luft mit fröhlichem Gezwitscher. All das ist Frühlingsgefühl, aber etwas fehlt noch. Etwas, das wir mit Sehnsucht erwarten: die Stimme des Wiedehopfs. Wird er dieses Mal die lange Reise aus dem Süden schaffen? Aber dann, wenn man schon jede Hoffnung auf seine Wiederkehr aufgegeben hat, ist er plötzlich da, und sein buntes Gefieder leuchtet zwischen den Olivenbäumen. Es gibt uns immer wieder ein Glücksgefühl, das schwer zu erklären ist. Nun ist bis auf den Kuckuck alles, was da fleucht, schon da. Der Kuckuck ist ein unberechenbarer Besucher. Seine Ankunft ist nicht so wie die der Schwalben zu bestimmen. Er kommt, wann er will, manchmal so spät, dass man glaubt, ihn überhört zu haben.

Aber alle diese Freuden werden bei Weitem übertroffen von einem unglaublichen Schauspiel, das sich Jahr für Jahr abspielt, so um die Mitte Mai herum, und uns zwei bis drei Wochen lang in Atem hält. Es ist der Liebestanz der Glühwürmchen. Lucciole heißen sie hier, und besonders in mondarmen Nächten verzaubern sie die Welt der Gräser in ein funkelndes Feuerwerk, das Erwachsene und Kinder gleich entzückt. Man kann stundenlang dem Schauspiel zusehen und nicht müde werden. Diese unscheinbaren wurmähnlichen Insekten, bei Tag nicht sichtbar, führen in der Nacht einen atemberaubenden Lichtertanz auf, und es ist schwer, eines zu fangen. Sie bleiben, wenn es einem gelingt, ruhig in der Hand sitzen und leuchten munter weiter, bis man sie wieder freigibt. Bei uns darf das Gras rund um das Haus nicht geschnitten werden, bis der Zauber zu Ende ist. Den Rest des Jahres verbringen die Glühwürmchen unter der Erde, um zur Paarungszeit den Lichtertanz neu zu beginnen.

In den letzten Jahren ist der Frühling immer kürzer geworden, ja es gibt ihn kaum mehr, und die regnerische Winterzeit geht fast nahtlos in die heiße Sommerzeit über. Die Glühwürmchen kommen immer noch, auch wenn die Abende schon sehr warm sind. Wir hoffen nur, dass das so bleibt.

Abendwind

Il cuore ha le sue ragioni e non intende ragione.
Das Herz hat seine Gründe und fragt nicht nach dem Grund.

Und wenn der Wind durch die Oliven streicht am frühen Abend,
wenn der Himmel über Benevento schon dunkelrot gefärbt ist,
wenn die Zikaden zirpen, denk' ich mir, dass ich ein Teil von
allem bin.
So wie die Mohnblumen und violetten Wicken
sich jedes Jahr neu in die Landschaft fügen,
so muss auch ich mich immer neu bewähren jedes Jahr.
Jetzt geht die Sonne unter.
Wie ich diese Farben kenne, das dunkle Blau und Rot über den
Hügeln und das Schwarz, das in den Bergen steht.
Das Meer ist weit, dort, wo die Sonne jetzt hinuntersinkt,
aber ich spüre es, im Geiste seh' ich, wie es den Himmel wider-
spiegelt und wie die Schiffe dort am Horizonte ziehen.
Und doch weiß ich, dass diese Landschaft mir geschenkt ist,
wie einem Leben manches Mal geschenkt wird,
wenn man am Sterben ist?
Denn so empfind' ich es, ganz als Geschenk.
Was aber hätte ich gemacht damit in meiner Jugend? Ich weiß es
nicht.
Vielleicht hätt' ich es nicht begriffen, die Schönheit nicht erkannt.
Man lernt erst sehen, wenn man viel gesehen hat.

Liebe Leserin,
lieber Leser!

Dieses Buch hat eine Autorin und einen Autor. Bei manchem Kapitel mögen Sie sich gefragt haben, wer von den beiden es geschrieben hat. Wir meinten, dass dies aus den Texten meist ohnehin hervorgeht, aber es auch nicht so wichtig wäre, wer nun von uns beiden das „Ich" im jeweiligen Text ist.

Eine andere Frage aber beschäftigt oft unsere Freunde, wenn wir von unseren Erfahrungen und Begegnungen in der Toskana berichten, nämlich, ob uns die politischen Verhältnisse in Italien nicht stören: Berlusconi und seine umstrittenen Affären, die Mafia und die Camorra, die Mistskandale, die politischen Dauerkrisen und Streikwellen, die Korruption. Ja, das waren und sind die Plagen Italiens. So wie auch wir in Österreich immer wieder unsere Plagen haben, vergleichsweise vielleicht kleinere, aber die bedrücken uns, sie gehen uns unter die Haut. Und natürlich sollten uns, wenn wir dort sind, auch die Plagen Italiens unter die Haut gehen.

Das tun sie auch, aber da stellt sich immer wieder ein Korrektiv ein, nämlich die Menschen um uns. Sie kennen die Plagen Italiens, aber sie gehen ihnen nicht unter die Haut. Und das hat nichts mit Gleichgültigkeit oder mangelnder Anteilnahme zu tun, sondern ist – fast ist man versucht zu sagen – in den Genen der Menschen vorhanden: Wenn Siena lacht, dann weint Florenz, immer wieder Kriege der Fürsten untereinander, das Wechselbad kirchlicher und weltlicher Gewalt, die rücksichtslose Ausbeutung der Bauern durch die Großgrundbesitzer, Faschismus und vieles mehr, das hat die Menschen in unserer toskanischen Umgebung gegenüber der Politik eigenartig geprägt: Wichtig ist nicht, was in Rom passiert, auch nicht, was in Florenz, Siena und Pisa vor sich geht; wichtig ist, was in der Familie geschieht, bei den Nachbarn, in unserem Dorf. Deshalb sitzen ja die meisten toskanischen Dörfer oben auf den Hügeln, durch steile Wege und oft von dicken Mauern geschützt, weit weg von dem, was sich unten in den Tälern und zwischen den Städten bewegt.

Viele Jahre kennen wir nun schon unsere Nachbarn, sind mit ihnen befreundet, aber nur von einem Einzigen wissen wir, wie er politisch denkt (er ist ein engagierter Sozialist). Alle anderen beklagen immer wieder einmal die politischen Verhältnisse und die größeren Skandale, aber so, als geschähe dies alles irgendwo in weiter Ferne. Wichtig sind die Sorgen des Augenblicks, und selbst die dürfen die Freude am Leben nicht allzu sehr beeinträchtigen.

Wie wir das aushalten? Leichter als daheim. Hier geht uns die Politik nicht unter die Haut.

Traudi und Hugo Portisch

Ein Dankeschön

an Liese und Heinz Scheiderbauer, ohne die uns das Haus nicht gefunden und wir es nicht erworben hätten; an Roderich Proksch, Luigi, Piero und Lauro Zucconi, die aus der „Ruine" ein gemütliches Haus erstehen ließen; an Else Landon und Margarita Scalabrino, die uns mit den dortigen (hiesigen) Sitten und Gebräuchen vertraut machten; an Dottore Leonardo Guidi, der uns mit sicherer Hand durch die italienische Bürokratie geleitet hat; an alle Menschen, über die und von denen wir in diesem Buch berichten; an Leo Mazakarini für seine guten Ratschläge; an Ilse Walter, Christine Graf und Gerti Zelinka, die uns mit allen Vorarbeiten für dieses Buch geholfen haben; an Hannes Steiner, Arnold Klaffenböck, Martin Vukovits, Andreas Berger und alle anderen guten Geister im Hause Ecowin, die aus unseren Erinnerungen dieses Buch werden ließen; und nicht zuletzt auch an Giuseppe Giusti und Gino Capponi, deren Sammlung „Proverbi Toscani" (1853, Neuauflage Newton & Compton editori, Roma 2005) wir die Sprichwörter zu den einzelnen Kapiteln entnommen haben.

Persönliche Auseinandersetzung mit Menschlichkeit und Toleranz, Religion und Gott

Gertraude Portisch
„DER LIEBE GOTT UND DIE GROSSMAMA"
Edition Portisch
116 Seiten, EUR 14,90
ISBN: 978-3-902635-00-6

Wer kommt in den Himmel, wer in die Hölle? Und wenn, warum? Und wo ist der Himmel, wo die Hölle?
Schon als Kind wird die Autorin mit diesen Fragen konfrontiert. Der Vater ist Jude, die Mutter Katholikin. Der Vater wird von den Nazis in die Konzentrationslager Dachau und Buchenwald verschleppt, kommt knapp vor Kriegsende frei, muss Deutschland sofort verlassen, die Mutter geht mit ihm. Die Kinder bleiben zurück. Es sind die Quäker, die sie und viele andere Kinder im letzten Moment nach England bringen. Als Flüchtling landet die Autorin unerwartet hinter Klostermauern, doch nicht als „Braut Christi", nicht als Nonne, sondern als Lehrerin in der vom Kloster betriebenen Schule. So hat noch keiner ein Kloster von innen erlebt, als einziger Laie unter Nonnen, die ihr Leben in der Welt schon lange aufgegeben haben, und doch von allen „weltlichen" Versuchungen geplagt sind. Es sind diese persönlichen Erlebnisse mit den Menschen im Kloster, die die Autorin zwingen, sich mit der Religion und den kirchlichen Auffassungen von Religion auseinanderzusetzen.

Spannend.